Den tidløse vej

Den tidløse vej

En trinvis guide til spirituel udfoldelse

Af Swami Ramakrishnananda Puri

Mata Amritanandamayi Center
San Ramon, Californien, Forenede Stater

Den tidløse vej
En trinvis guide til spirituel udfoldelse
Af Swami Ramakrishnananda Puri

Udgivet af:
  Mata Amritanandamayi Center
  P.O. Box 613, San Ramon, CA 94583-0613, Forenede Stater

Første udgave: april 2019

I Danmark:
  www.amma-danmark.dk

I Indien:
  www.amritapuri.org
  inform@amritapuri.org

I Europa:
  www.amma-europe.org

Dedikation

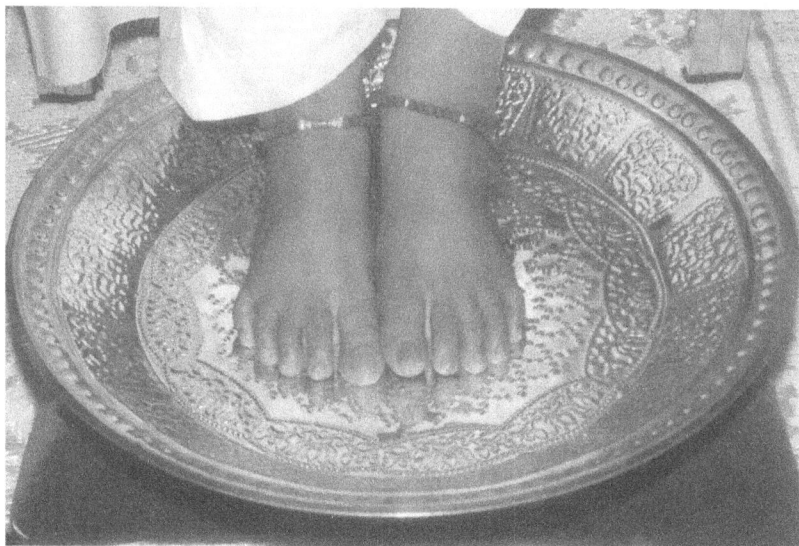

Jeg ofrer ydmygt denne bog ved min Sadguru,
Sri Mata Amritanandamayis Lotusfødder

Indholdsfortegnelse

Forord

Den tidløse vej

Åh Gudinde, før mig hen ad den evige vej,
så jeg kan leve i dit nærvær.
Universets fortryller, vis mig altid vej.
Åh legemliggørelsen af bevidsthed, eksistens og lyksalighed,
eg bøjer mig for dig med foldede hænder.

– fra 'En Mahadevi Lokesi Bhairavi'
af Amma

Ofte refereres der til spiritualitet som en vej. Men hvor begynder vejen, og hvor slutter den? Hvor fører den os hen? Og hvem udstikker egentlig vejen? Er det den søgende selv, der finder vej - og på egen hånd med sin machete baner sig vej gennem junglen? Eller er vejen allerede givet på forhånd og gjort tilgængelig af fortidens mestre? Findes der mange veje eller kun én? Og hvilken retning er det egentlig, Amma viser os, som er hendes børn? Hvis det spirituelle liv virkelig er en rejse, så er alle disse spørgsmål vigtige.

I den *bhajan*, som indleder dette forord, beder Amma til Devi om at vise hende vejen hen ad *sasvata marga*. Sasvata betyder 'evig'; marga betyder 'vej'. Men vi må ikke tro, at ordet 'evig' betyder, at vejen ikke har nogen ende. Ammas pointe er, at den spirituelle vej er tidløs - vejen forbliver den samme i hver eneste generation og skabelsescyklus.

9

Ofte refereres der til hinduismen som Sanatana Dharma - Livets evige vej. Det skyldes, at de primære skrifter, Vedaerne, som forklarer den spirituelle vej, siges at være *anadi* - uden begyndelse - og *ananta* - altid eksisterende. Vedaerne er ikke skabt af menneskene, men er en evig del af universet - nogle mennesker kalder dem poetisk for 'guds åndedrag'. I hver ny skabelsescyklus bliver de ikke formuleret helt på ny. De åbenbarer sig i hellige og vise menneskers sind - mænd og kvinder, hvis sind har så stor renhed, at de vediske *mantraer* og sandheder kommer til syne for dem, som om de var skrevet på selve vinden. Det er disse mænd og kvinder, som videregiver Vedaerne til de første disciple. På den måde bliver de hele tiden ført videre i en uendelig rækkefølge fra den ene generation til den næste.

I denne bog vil vi udforske den tidløse vej og granske dens vigtigste sving og krumninger på nært hold. Vi vil se, at selvom Amma aldrig har studeret skrifterne, så er den vej, hun anbefaler os at følge, den samme vej, som beskrives i Vedaerne, og som er sammenfattet i efterfølgende traditionelle skrifter som Bhagavad-Gita. Amma forklarede en gang en journalist, som spurgte til hendes lære: "Min vej er Sri Krishnas vej[1]. Der er intet nyt i det."

I denne bog vil vi se, at de veje, mange mennesker anser for at være forskellige - *karma yoga, meditation, jnana yoga* osv. - i virkeligheden alle sammen er forskellige aspekter af én vej. Amma gentager ofte: "*Karma* [handling], *jnana* [viden] og *bhakti* [hengivenhed] er alle essentielle. Hvis fuglens to vinger er hengivenhed og handling, så er viden fuglens hale. Fuglen er kun i stand til at løfte sig og nå højderne, når den benytter alle tre." Karma yoga og praksisformer såsom meditation hjælper spirituelt søgende til

---

[1] "Krishnas vej" bliver i Bhagavad-Gita præsenteret som en gengivelse af den vediske vej.

at komme fremad, mens de åndelige mestres visdom udstikker den rigtige kurs.

Et menneske som Amma, der har ægte spirituel indsigt, accepterer alle religioner og forstår den rette placering af de tilhørende praksisformer, som ses i lyset af den ene vejs overordnede perspektiv. Som Amma forklarede i sin tale til FNs Generalforsamling i New York i 2000: "Alle religioner har det samme mål - at rense det menneskelige sind."
Hinduerne har egne metoder til at rense sindet. Det samme gælder buddhisterne, de kristne, jøderne, jainisterne, muslimerne osv. Sanatana Dharma accepterer alle disse. Men når den spirituelt søgendes sind er renset, må den søgende til slut transcendere alle sådanne praksisformer og erkende sin sande natur. For det er kun sådan, at den søgende når frem til afslutningen af den tidløse vej.
Når alt kommer til alt, siges det, at ligesom Vedaerne og den vej, der udstikkes af dem, er uden begyndelse, således har spirituel uvidenhed heller ingen begyndelse. Men til forskel fra Vedaerne har uvidenheden en slutning. Den indfinder sig med den lyksalige erkendelse af, at det virkeligt tidløse er vores eget Selv.

ᘓᘓ

Sri Mata Amritanandamayi

Så længe der er styrke nok i disse hænder til at
nå ud til dem, der kommer til hende, vil Amma
fortsætte med at give darshan. Kærligt at holde om
dem, trøste og tørre deres tårer indtil denne jordiske
krop ikke er her mere – det er Ammas ønske.

– Amma

Gennem sine ekstraordinære kærlige og selvopofrende hand-
linger er Sri Mata Amritanandamayi Devi, eller 'Amma'
[Moder], som hun ofte kaldes, blevet kendt og elsket af
millioner af mennesker i hele verden. Amma deler sin ubegrænsede
kærlighed med alle, som kommer for at møde hende. Hun tager
dem omsorgsfuldt i sine arme og kærtegner dem blidt, mens hun
holder dem tæt ind til sit hjerte i en kærlig omfavnelse - uanset deres
tro, status eller årsag til at komme. På denne enkle og dog kraftfulde
måde transformerer Amma utallige menneskers liv, og med den
ene omfavnelse efter den anden hjælper hun menneskers hjerter til
at åbne sig og blomstre. Igennem de sidste 37 år har Amma fysisk
omfavnet mere end 29 millioner mennesker fra alle dele af verden[1].

Hendes utrættelige og dedikerede indsats for at opløfte andre
har inspireret et vidtrækkende netværk af godgørende aktivite-
ter, som hjælper mennesker til at opdage den dybe fred og indre
tilfredshed, som opstår ved at tjene andre uselvisk. Ammas lære
er, at det guddommelige eksisterer i alt, både i det livløse og det
levende. At erkende denne sandhed er spiritualitetens essens -
midlet til at gøre en ende på al lidelse.

Ammas lære er universel. Når hun bliver spurgt, hvilken religi-
on hun tilhører, svarer hun, at hendes religion er kærlighed. Hun
beder aldrig nogen om at tro på gud, men kun om at undersøge
deres egen sande natur og tro på sig selv.

---

[1] Disse tal er fra første oplag af bogen, 2009. I 2018 har Amma givet darshan
til over 38 millioner mennesker.

Kapitel 1

Årsagen til at folk kommer til Amma

Ligesom kroppen har brug for rigtig mad for at være
i live og udvikle sig, har sjælen brug for kærlighed
for at vokse og blomstre. Den styrke og næring, som
kærligheden kan give vores sjæl, er endnu større end den
nærende kraft, som babyen får fra moderens mælk.

– Amma

Deltager du ved et af Ammas programmer, er en af de første ting, du vil bemærke, at folk kommer alle vegne fra for at møde Amma. De kommer fra alle religioner, alle lande og alle samfundslag. Nogle har været på den spirituelle vej i årtier. Andre har aldrig nogen sinde så meget som kigget på en eneste spirituel bog i hele deres liv. Nogle kommer, fordi de har psykiske, fysiske eller materielle problemer, og de håber, at Amma kan hjælpe dem. Andre er ganske enkelt nysgerrige. De har måske set Amma i avisen eller i fjernsynet, og nu vil de derfor gerne selv opleve, hvad det går ud på med den hellige kvinde, der er kendt for at omfavne. Så er der de søgende - både novicerne og de erfarne. De anser Amma for at være en oplyst spirituel mester, som kan føre dem til livets ultimative mål - selvrealisering.

Størstedelen af de mennesker, som kommer for at møde Amma, har et problem, de håber, at hun kan løse. I Bhagavad-Gita refererer Krishna til mennesker, der opsøger Gud eller en *mahatma*, fordi de vil reddes fra hårde vilkår, som *artas*. I begyndelsen af

15

sine offentlige taler siger Amma ofte: "Amma ved, at 90 procent af de mennesker, som er her, er fysisk syge eller har psykiske lidelser. Nogle er uden arbejde. Andre har et arbejde, men har brug for lønforhøjelse. Nogle kan ikke finde bejlere til deres døtre. Andre befinder sig midt i en retssag. Nogle har ikke penge nok til at købe et hus. Andre har et hus, men kan ikke få det solgt. Nogle er uhelbredeligt syge..." Amma forklarer disse mennesker, at det ikke hjælper at bekymre sig, fordi det svarer til at kigge på et sår og græde. Hun fortæller, at det forværrer situationen at bekymre sig, og at den medicin, der helbreder tilstanden, er det eneste, der virker. Hun råder dem til at gøre deres bedste og så overgive sig til guds vilje og tillade ham at bære vægten af deres byrder.

Det viser sig ofte, at mange af disse mennesker får løst deres problemer i nogen grad. Kvinder, som længe har haft problemer med frugtbarheden, bliver pludselig gravide. Folk, der er involveret i retssager, oplever ofte, at balancen tipper til deres side, når de beder til Amma. Økonomiske vanskeligheder afhjælpes. Der har endda været tilfælde, hvor fysiske lidelser mindskes eller helt forsvinder. Når Amma får det at vide, påtager hun sig ikke ansvaret for noget, men understreger blot, at det er Gud og kraften i den enkeltes tro, der er årsagen til alle disse hændelser

Og sådan er det også med det, som Krishna kalder for artharthis. Disse mennesker opsøger ikke Amma, fordi de har problemer, de godt vil have løst, men fordi de gerne vil have hjælp til at opfylde materielle ønsker: "Amma, hjælp mig til at komme ind på universitetet!" "Amma, hjælp min virksomhed med at få succes!" "Amma, hjælp mig til at få et visum!" "Hjælp mig til at få min bog i trykken!" Disse artharthis opfatter Amma som en vej til at få kanaliseret nåde, og de fortæller hende om alle deres ønsker. Også hvad disse mennesker angår, erfarer vi ofte, at de kommer tilbage en uge, en måned eller et år senere, hvor deres ansigt lyser op i et smil, mens de takker Amma for at have opfyldt deres bønner.

Hvordan er alt dette muligt? Hvis vi ser på Vedaerne, anbefaler disse tekster eftertrykkeligt, at man skal opsøge en mahatma, når det gælder om at få sine ønsker opfyldt.

yaṁ yaṁ lokaṁ manasā saṁvibhāti
viśuddha-sattvaḥ kāmayate yāmśca kāmān |
taṁ taṁ lokaṁ jayate tāmśca kāmāṁ
stasmād-ātma-jñāṁ hyarcayedbhūti-kāmaḥ ||

Mennesket med det rene sind vinder adgang til alle de verdener og nydelsesfulde ting, det ønsker sig. Derfor skal enhver, der ønsker fremgang, tilbede den, der har viden om Selvet.

Mundaka Upanisad, 3.1.10

Princippet er, at en mahatma kan opnå, hvad han end 'ønsker,' gennem kraften i sin *sankalpa* [kraftfulde og skabende beslutning]. Men når skrifterne refererer til 'renhed i sindet', menes der et sind, der er renset for alle ønsker. Det indebærer, at selv om en mahatma ikke selv har nogen ønsker, påtager han sig med glæde de ønsker, folk kommer med, og han velsigner dem tilsvarende.

Det betyder ikke, at alle får deres ønsker opfyldt. I nogen udstrækning spiller *prarabdha karma* [skæbne, baseret på tidligere handlinger] en rolle i denne proces. Men Amma er en mor, og hvilken mor ønsker ikke at gøre sine børn glade? Hvis du spørger hende om noget, du ønsker, og det ikke skader nogen og falder inden for rammerne af dharma [retfærdighed], vil hun absolut strække sig til sit yderste for at hjælpe dig - enten gennem sine humanitære projekter eller gennem sin rådgivning eller ved kraften i sine skabende beslutninger.

17

Nogle mennesker tror måske, at det er forkert at komme til Amma med den slags verdslige ting, men i Gitaen refererer Krishna både til artas og artharthis som 'noble' og forklarer, at selve det faktum, at de opsøger gud for at få støtte og materiel fremgang, er et tegn på, at de har gjort utallige gode handlinger i dette eller tidligere liv. Men den form for hengivenhed har imidlertid sine begrænsninger, og skrifterne forklarer, at selvom det er fint at begynde livet med en sådan indstilling, bør vi ikke tillade os selv at standse her. En sådan hengivenhed er ikke særlig stabil. Når den slags mennesker ikke får opfyldt deres ønsker, kommer de sjældent tilbage. Og selvom den slags mennesker får det, de ønsker sig, vender de alligevel ofte tilbage til deres normale liv og glemmer Amma, (indtil det næste problem opstår, forstås). Vi skal forsøge at udvikle os - og søge efter de mere dyrebare skatte, Amma kan tilbyde os.

Dette fører os til den næste gruppe mennesker, som kommer for at møde Amma. De kaldes *jijnasus* - dem, der søger viden. En jijnasu er en devotee, der har en anden kaliber. Han forstår, at selvom hans problemer bliver løst, vil der komme flere. Desuden forstår han begrænsningerne ved at opnå verdslige ting. Han ser Amma som en *satguru* - en oplyst mester, som ikke kun kan være behjælpelig med at opnå midlertidig tilfredsstillelse, men også med at opnå vedvarende fred og glæde.

Faktisk forklarer skrifterne os, at alle menneskers hengivenhed begynder som artas, udvikler sig herfra til artharthis og kun herfra videre til jijnasus[1]. Disse stadier repræsenterer en udvikling i den hengivnes forståelse og fokus. Nogle mennesker har gennemgået disse udviklingsstadier i tidligere liv og begynder deres forhold til

---

[1] Det siges, at det er bedre at være en *artharthi* end en *arta*, fordi en artharthi søger gud, så snart han har et ønske, dvs. ret ofte, mens en arta kun tænker på gud, når han er i knibe.

Amma som sandhedssøgende. Andre gennemgår udviklingen i dette liv. Atter andre vil have brug for at fødes endnu flere gange. Hvis vi gransker det nøjere, ser vi også, at nogle mennesker kommer til Amma og har et materielt mål. Men efter deres allerførste darshan ender de med at søge det højeste. Det skyldes en *samskara* - en latent tilbøjelighed til at søge et spirituelt liv, som er båret videre fra tidligere liv. Denne samskara har ligget lige under bevidsthedens overflade og ventet på en berøring, nogle ord eller et blik fra en mahatma, som har kunnet vække den. Det lyder mystisk, men vi kan genfinde det samme fænomen i mange af livets områder, ikke kun inden for spiritualiteten. Mange store forfattere, musikere, sportsfolk og videnskabsmænd har ikke udvist nogen særlig forkærlighed for deres respektive områder, indtil deres lidenskab pludselig vækkes gennem en bestemt roman, koncert, coach eller lignende. Herefter er der ingen, som kan aflede deres opmærksomhed.

Da jeg kom for at møde Amma første gang, var jeg ikke interesseret i spiritualitet. Jeg var vokset op i et samfund af ortodokst troende brahminer. Jeg var 'religiøs'. Jeg lavede *sandhya-vandanam*[2] og andre former for ortodokse praksisformer inden for hinduismen. Men jeg anså den slags praksisformer for at være et middel til at opfylde mine materielle behov. Jeg havde haft et ønske om at blive læge, men kom lige akkurat ikke ind på medicinstudiet, fordi mit gennemsnit i gymnasiet var for lavt. Jeg opgav derfor min drøm og var netop blevet ansat i en afdeling af en bank, der befandt sig i en lille by, der hed Harippad. Jeg var ikke kun meget irriteret over, at jeg ikke var kommet i gang med medicinstudiet. Jeg var også irriteret over, at jeg var nødt til at arbejde i en by, der var så lille, at der ikke en gang var nogen ordentlige restauranter!

---

[2] En rituel samling bønner og ærbødige hilsner til gud, der udføres ved solopgang og solnedgang.

Jeg ønskede mere end noget andet at blive overført til en af de andre afdelinger i banken - og at komme et eller andet sted hen, hvor der var en større by. Da jeg hørte om Amma (hvis *ashram* befinder sig omkring 26 km syd for Harippad), tænkte jeg, at hun måske ville kunne bruge noget af sin magiske kraft til at sørge for, at jeg blev overført til en anden afdeling. Det var grunden til, at jeg en dag steg på bussen til Parayakadavu for at få Ammas darshan.

Da jeg nåede frem, var Amma i Krishna bhava[3]. Familiens tempel, hvor Amma gav darshan, befandt sig lige ved siden af kostalden. Da jeg så Amma, der var klædt ud som Herren Krishna, forstod jeg ikke rigtigt, hvad det var, der foregik. Men jeg oplevede en dyb følelse af fred indeni. Da jeg kom hen til Amma for at få darshan, sagde hun, inden jeg selv kunne nå at sige noget: "Åh, du har et problem med dit arbejde." Så rakte hun mig en stor håndfuld små røde blomster og bad mig om at ofre 48 af dem på Devis hoved, når Amma senere samme aften kom ud i Devi Bhava[4]. (Da jeg talte blomsterne, som Amma havde givet mig, viste det sig til min store overraskelse, at der var *præcis* 48.)

Dengang plejede Amma først at danse foran templet, når hun kom ud i Devi Bhava. Så mens Amma dansede, ofrede jeg blomsterne på den måde, hun havde sagt, jeg skulle gøre det. Da dansen var færdig, sluttede jeg mig til køen for at modtage Ammas Devi-darshan. Da Amma holdt om mig denne gang, begyndte jeg at græde. Jeg blev meget berørt af Ammas kærlighed, medfølelse og godhed. Amma bad mig om at sidde ved siden af sin stol. Det gjorde jeg, og så initierede hun mig spontant til et *mantra*. Efter et stykke tid bad Amma mig om at meditere. Jeg fortalte Amma,

---

[3] En særlig form for *darshan*, hvor Amma opfører sig som Sri Krishna og er iført hans klæder.

[4] Amma giver *darshan*, mens hun opfører sig som Universets Guddommelige Moder og er iført hendes klæder.

at jeg aldrig før havde mediteret. Hun sagde, at det ville være nok for mig blot at lukke øjnene, så jeg besluttede mig for at prøve. Efter et stykke tid, som jeg troede var omkring 10 minutter, åbnede jeg øjnene igen og tænkte, at der sikkert nu ville være nogle andre mennesker, som godt ville sidde lidt ved siden af Amma. Men da jeg så mig omkring, var der ikke længere nogen af dem, der tidligere havde siddet der, som var der stadigvæk. Jeg kiggede ned på mit ur og fandt ud af, at der var gået to timer! Jeg troede ikke, at det kunne være rigtigt, og tænkte, at det sikkert var mit ur, der måtte være gået forkert. Så spurgte jeg manden, der sad ved siden af mig, hvad klokken var. Han bekræftede, at tiden var gået: Jeg havde mediteret i to timer. Forvirret rejste jeg mig op og ofrede min *pranam* [ærbødig hilsen, hvor man lægger sig foran den, man ærer] til Amma og tog tilbage til Harippad.

Dagen efter var jeg helt enkelt ude af stand til at gå på arbejde. Jeg følte mig beruset, og det var, som om jeg fløj afsted på en sky af fred og glæde. Jeg var bange for, at hvis jeg gik på arbejde - hvor mit arbejde hovedsageligt bestod i at tælle penge - så ville det være helt katastrofalt. Jeg meldte mig derfor syg og forlod ikke engang huset. De eneste tanker, der gik gennem mit hoved, handlede om Amma og den beroligende fred i hendes darshan. Dagen efter meldte jeg mig syg igen. Det var først den tredje dag, jeg besluttede, at jeg var nødt til at vende tilbage og se Amma igen. Herefter meldte jeg mig syg resten af ugen og tilbragte så meget tid sammen med hende, som jeg kunne. Hele mit fokus havde forandret sig. Amma havde udløst begyndelsen til en spirituel tilbøjelighed i mig. Dette var ikke kun tilfældet for mig. Mange af Ammas disciple, som nu er senior *swamier,* [munke,] opsøgte til at begynde med Amma, fordi de havde et materielt ønske, men de begyndte hurtigt at søge det højeste i stedet for.

Nogle gange indfinder dette skift sig hurtigt, andre gange tager det tid. For nogle er den spirituelle samskara måske ikke

21

særlig dyb, men de knytter sig alligevel meget til Amma - til var-
men i hendes omsorg og opmærksomhed, hendes godhed, darshan
osv. Disse mennesker vender tilbage for at møde Amma, når
som helst det er muligt for dem, og gradvist bliver deres forhold
til hende dybere. De forsøger at praktisere Ammas lære. Måske
bliver de indviet til et mantra af Amma, eller de følger Ammas
anbefalinger og begynder at engagere sig i uselvisk arbejde på et
af de projekter, der er knyttet til ashrammen. Efterhånden som
deres sind bliver renere og deres spirituelle indsigt dybere, skifter
de gradvist fokus. De begynder at interessere sig mere for spiri-
tuelle mål end for verdslige mål.

Nogle gange sker dette skift i perspektiv endda, når folk
modtager Ammas materielle velsignelser. Der var en hengiven fra
USA, som havde skrevet en roman og nærede et brændende ønske
om at udgive den. Han tog sit manuskript med til Amma, og
Amma smilede til ham og førte ærbødigt bogen op til sin pande.
Få uger senere havde han sikret sig en aftale med et stort forlag.
Den hengivne var i ekstase. Før han vidste af det, stod hans bog
på boghandlernes hylder over hele landet. Men der gik ikke lang
tid, før han indså, at han stadig ikke følte sig helt lykkelig, selv-
om han nu var blevet forfatter og havde fået sin bog udgivet. Da
han reflekterede nærmere over det, indså han, at selvom Amma
opfyldte hvert eneste af hans ønsker, ville han stadig have den
følelse. Det gik meget tydeligt op for ham, at det kun var ved at
realisere Selvet, at han ville kunne erfare den fred og tilfredshed,
som han længtes efter.

Amma er selv den største inspirationskilde til at følge den spi-
rituelle vej. Vi kan se den fred, glæde og tilfredshed, hun udstråler
så klart, og det kan forvirre os. Her er et menneske, der arbejder
24 timer i døgnet, som ikke får nogen løn, ikke har nogen ejendele
og kun har helt enkelt tøj på. Alligevel er hun uendeligt meget
lykkeligere end ethvert kreativt, produktivt, rigt og fysisk robust

menneske, der findes i hele verden. Ved at se på Amma finder vi hurtigt ud af, at hun må have kendskab til en hemmelighed om, hvordan man finder lykke, som vi endnu ikke selv har lært at kende. Når vi bliver konfronteret med dette, begynder vi hurtigt også selv at blive mere interesseret i at lære denne hemmelighed at kende end i at opnå begrænsede materielle mål.

I Brihadaranyaka Upanisad bliver vi præsenteret for en historie, hvor konen til en *rsi* [vismand] har opdaget, at hendes mand besidder en sådan viden og nægter at bede om noget mindre end at være discipel. Vismandens navn er Yajnavalkya, og hans kone hedder Maitreyi. Yajnavalkya har også en anden kone, der hedder Katyayani. Maitreyi har en stærk spiritual tilbøjelighed, mens Katyayani er mere materielt orienteret. En dag forklarer Yajnavalkya Maitreyi, at han har valgt at forpligte sig til sannyasa [at opgive sin verdslige tilværelse og blive munk] og således afslutte sit forhold til hende og Katyayani. Da han begynder at fortælle, hvordan han vil dele sin ejendom mellem de to kvinder, begynder Maitreyi pludselig at tale og siger: "Herre, hvis jeg havde alle de penge, der findes i hele verden, ville det så gøre mig udødelig?[5] "Yajnavalkya svarer, at det vil det ikke. Da Maitreyi hører ham svare sådan, fortæller hun ham modigt, at hvis det ikke kan gøre hende udødelig, så har det ingen værdi for hende. Maytrei ved, at hendes mand rummer en skattekiste af spirituel visdom, og derfor siger hun: "Jeg er kun interesseret i din viden. Fortæl mig, hvad du ved." Maitreyi havde en virkelig jijnasa [tørst efter viden]. Hun forstod en satgurus sande værdi og ønskede ikke at spilde den dyrebare mulighed, hun havde.

Nogle af de mennesker, som kommer for at møde Amma, har tørstet efter viden om Selvet, allerede inden de møder Amma. De forstår, at en satguru er essentiel for enhver alvorligt søgende, og de kommer til Amma med en intention om at få hendes vejledning.

---

[5] Med ordet 'udødelig' menes der evig lykke.

I Amma finder sådanne mennesker en sand spirituel kur mod alle problemer. Gennem hende finder de veje til at engagere sig i uselvisk tjeneste, de får meditationsteknikker, bliver initieret til mantraer og får mulighed for at knytte et dybt bånd til en levende spirituel mester, som ikke vender nogen ryggen, uanset hvilke spirituelle kvalifikationer de har. Herudover hjælper Amma gennem sine taler og bøger med at bane vejen mod det ultimative mål i livet. Hun fjerner de forskellige former for forvirring og misforståelser om spiritualitet, som er så fremherskende i nutidens 'informationsalder'. Sådanne mennesker går fra deres første møde med Amma med en oplevelse af, at de har været heldige at få spirituel jackpot.

Mange af disse søgende er først for nylig begyndt at søge det spirituelle liv, mens andre har befundet sig på den spirituelle vej i årtier - *sannyasier,* buddhister, kristne munke osv. De søger Amma i håbet om at modtage Ammas velsignelser og opnå en dybere indsigt. Og i Ammas nærvær - gennem den kraftfulde, rene vibration, der skabes af Amma - oplever de virkelig dybere niveauer af indsigt og klarhed, end de tidligere har erfaret. Desuden bliver disse mennesker uhyre inspireret af at tilbringe tid sammen med Amma, fordi de omsider står ansigt til ansigt med nogen, som tydeligvis har opnået det mål, de har viet deres liv til. Dette hjælper dem til at fortsætte på deres vej med større entusiasme og energi.

For mange år siden kom en senior sannyasi fra en velkendt spirituel organisation på besøg i Ammas ashram. Jeg kan huske, at jeg kiggede på ham, inden han gik ind på Ammas værelse. Jeg oplevede, at der var noget ved ham, som virkede en lille smule oppustet. Det kan være, at jeg havde ret, men jeg kunne også have taget fejl. Da han få timer senere gik derfra, kunne jeg se, at han havde haft tårer i øjnene. Jeg spurgte ham, hvordan hans møde med Amma var gået. Han svarede: "Jeg oplever det, som om et helt liv med spirituel stræben i dag omsider har fået vinger at flyve på."

Der er i virkeligheden også en anden gruppe mennesker, som kommer for at møde Amma - det er de kyniske. Det er folk, der tænker: "Der foregår noget underligt her! Det passer i virkeligheden slet ikke, at denne kvinde er så uselvisk og har så stor medfølelse! Jeg vil tage derhen og løfte låget og afsløre det hele!" Den slags mennesker er altid kommet for at møde Amma. Hvis deres hjerter er lukkede, står de med himmelvendte øjne i et stykke tid, inden de tager afsted igen. Men hvis der indeni dem findes blot et lille bitte åbent sted, så finder Amma dette sted og planter et frø, der snart vil spire. Sådan gik det med en af Ammas senior *brahmacharier*. Han studerede ved en prestigefyldt filmskole i Pune. I løbet af sin studietid havde han sympatiseret med en gruppe kommunistiske studerende, og han var blevet en stærk modstander af religion, spiritualitet og særligt de 'levende helgener'. Da hans familie opmuntrede ham til at besøge Ammas ashram, var han hurtig til at indvillige, idet han tænkte, at han ville benytte lejligheden til at researche til en film om 'falske helgener'. Men da han med filmskaberens øjne stod og betragtede Amma, mødte Ammas øjne hans. Han kunne ikke undgå at lægge mærke til, hvordan Amma ofrede sin egen hvile og bekvemmelighed for at bringe lys og kærlighed ind i andre menneskers liv. Snart var han blevet hendes discipel.

Selvom folk overfladisk set har forskellige grunde til at komme, siger Amma, at alle - ikke kun dem, der kommer for at møde Amma, men alle mennesker i verden - søger det samme: at opleve Selvets fylde. Amma forklarer, at det er den længsel, som driver os fremad i livet. Det er motivationen, der ligger bag vores venskaber, ægteskaber, skilsmisser og børnene, vi sætter i verden, ligesom den ligger bag vores valg af karriere eller ønsker om at skifte retning i arbejdslivet eller købe huse, biler og biografbilletter... Alle stræber efter det samme. Men den fuldkommenhed, vi søger - såvel spirituelle aspiranter som materialister - er ikke en begrænset ting. Den er uendelig - så rummelig som hele universet. Og ingen kan opnå uendeligheden ved at sammenstykke en liste af begrænsede ting. Selv 20 trillioner gange 20 trillioner er et begrænset tal. Så længe vi søger glæde gennem den materielle verden, vil vi aldrig opnå den fuldkommenhed, vi længes efter.

Hvis du læser denne bog, har du formentlig i det mindste et vist niveau af *jijnasa* [tørst efter spirituel viden], ellers ville du læse noget andet. Men vi bør alle reflektere over, hvor meget af os, der er en jijnasu [en, der søger sandheden]. Hvis vi ser ind i os selv, vil vi finde ud af, at vi alle sammen bevæger os frem og tilbage mellem de tre typer af hengivenhed, som vi har gennemgået her i kapitlet. Nogle gange er vi oprigtigt søgende, andre gange bliver vores fokus mere materielt. Jo mere vi tuner ind på Amma, desto mere bliver søgen efter spirituel viden vores primære drivkraft. Uanset hvilket niveau af hengivenhed vi har, accepterer Amma os alle sammen betingelsesløst. Det er en del af hendes storhed. Amma ved, at jijnasa ikke er helt tændt indeni os alle sammen, og derfor opfordrer hun os til at dele vores frygt og ønsker med hende - at komme til hende med vores arta og artharthi hengivenhed. På den måde kan hun trænge ind i hvert eneste aspekt af vores liv og bedre hjælpe os i den spirituelle udfoldelse. Gennem vores anstrengelser og Ammas nåde kan vores hengivenhed endda transcendere jijnasa og nå hengivenhedens højdepunkt, *jnana* - en viden, hvor vi forstår, at alt indeni og udenfor os er guddommeligt.

 (✦)

Kapitel 2

Båndet, der tilintetgør alle bindinger

Relationen mellem en satguru og en disciple er
usammenlignelig - der findes intet som den. Den
har en vedvarende indvirkning på disciplen. I den
relation kan disciplen aldrig lide noget ondt.

– Amma

Den relation, man udvikler med en *satguru*, en oplyst spirituel mester, ligner ikke nogen anden. Det skyldes, at det er den eneste form for relation, hvor den ene giver alt, og den anden kun modtager. Måske er relationen mellem mor og barn den type relation, som er mest sammenlignelig.

Her følger historien om en nylig hændelse, der fandt sted i Amritapuri, og som er et eksempel på dette princip. Amma gav *darshan* til en stor forsamling mennesker. Hele ugen havde det været sådan ved hendes darshans - de fortsatte indtil de tidlige morgentimer, og kun få timer senere gentog hele processen sig. En indisk devotee[6] fra USA, som havde lagt mærke til det, gik hen til Amma og sagde: "Amma, hvorfor rejser du ikke på ferie? Måske ville du kunne tage til Hawaii og slappe af på stranden. Vi devotees kunne betale for rejsen, så din krop kunne få hvilet ud i en uges tid eller deromkring."

---

[6] Intet dansk ord dækker betydningen af devotee, men hengiven, følger eller tilhænger er blandt de ord, der er mest dækkende.

27

Amma grinede af mandens forslag, og hendes smil lyste af medfølelse. Så sagde hun: "Har du ikke selv en søn? Hvis han var syg eller ked af det eller havde behov for dig, ville du så være i stand til bare at tage afsted og slappe af på stranden? Selvfølgelig ikke. Du ville blive hos ham, trøste ham og hjælpe ham til at få det bedre. Det samme gælder Amma. Alle er mine børn, og jeg kan ikke forlade dem for at holde ferie."

Hvad angår Ammas kærlighed, medfølelse og oprigtige ønske om at opfostre sine disciple, er Amma virkelig en *amma* - en 'moder'. Men der er en vigtig forskel - en normal mor opnår en meget stor glæde gennem sit barn og oplevelsen af at være mor, mens en satguru er fuldkommen og hel - med eller uden sine disciple. I forhold til en satguru kan man desuden have fuldkommen tiltro og tillid, fordi han ikke kun elsker disciplen betingelsesløst, men også har så klar en indsigt i disciplens fortid, nutid og fremtid, at han kan guide ham herudfra. Dette kan ellers ikke lade sig gøre. Vores biologiske mor elsker os måske, men hendes syn på os er begrænset, og hendes råd er ofte farvet af, at hun er over-tilknyttet.

Vi finder samme slags begrænsninger i relationen med terapeuter og psykologer. Der er en ung devotee i USA, som er stor fan af heavy-metal rock. For få år siden fortalte han mig under Ammas sommertur i USA, at han havde set en dokumentarfilm, der handlede om et af hans yndlings heavy-metal bands. Det virkede til, at relationen mellem bandets medlemmer på et vist tidspunkt var blevet så anstrengt, at de havde besluttet sig for at hyre en terapeut, der kunne hjælpe dem til at få et bedre forhold til hinanden. Bandet led også under følelsen af kreativ stagnation. Filmen dokumenterede nogle af bandets terapisessioner, som skulle hjælpe dem til at overvinde problemerne. Devoteen forklarede, at mens han så filmen, var der et vist tidspunkt, hvor han så en slående forskel mellem psykologens terapi og den type hjælp, som Amma giver. Det var i slutningen af filmen, hvor bandet fortalte terapeuten, at de ikke længere følte, at de havde behov for hans hjælp. Devoteen forklarede, at terapeutens reaktion talte for sig selv. Bandet betalte ham 40.000 dollar (ca. 270.000 kr.) om måneden for at stå til rådighed. Terapeuten var blevet fuldstændig afhængig af bandet. Han var blevet afhængig af sin månedsløn og af den berømmelse, han havde opnået. Han var blevet afhængig af det hele. Nu havde bandet ikke længere brug for terapeuten, men terapeuten havde fået brug for bandet.

Det bånd, vi knytter til Amma, er ikke sådan. Det er unikt, fordi det er et bånd, der frigør os fra alle bindinger. Det er en afhængighed, der fører os til fuldstændig uafhængighed. Jeg kan helt sikkert sige, at det mere end noget andet er mit bånd til Amma, som har hjulpet mig til at bevare mit fokus i det spirituelle liv. Relationen mellem *guru* og discipel er den ægte kilde til at støtte og styrke den spirituelt søgende.

Kort tid efter jeg mødte Amma, blev hun mit eneste fokus. Jeg ønskede med det samme at sige op i banken, hvor jeg var ansat. Men Amma forklarede mig, at jeg skulle fortsætte med at arbejde der i nogle få år til. Hun rådede mig til at se alle de mennesker, der kom ind i banken, som sendt til mig fra Amma. På den måde ville mit arbejde blive en spirituel praksis. Herudover anbefalede Amma ikke nogen anden spirituel praksis. Jeg kom hen til hendes ashram om aftenen og tilbragte også mine weekender der. Den gang foregik alt omkring Amma på en meget uformel måde. Ud over *bhava darshans*, som fandt sted søndage, tirsdage og torsdage, var der ingen faste tidspunkter, hvor man mødtes med Amma. Folk dukkede bare op, når det passede dem. Den gang brugte de andre unge og jeg (som sidenhen var Ammas første disciple, der blev munke og nonner) tiden på at 'hænge ud' med Amma. Vi var mere interesseret i *Amma* - i hendes moderlige kærlighed og omsorg - end i spiritualitet. Og Amma virkede heller ikke

29

interesseret i at skubbe os i gang med at lave spirituel praksis. Amma havde indviet os alle til *mantraer* og lært os, hvordan man mediterer, så vi brugte noget tid på at praktisere hver dag. Men intet var skemalagt som en disciplin. Herudover gjorde vi bare det samme som Amma. Hvis hun sad og mediterede, forsøgte vi at meditere sammen med hende. Hvis hun sang *bhajans*, som hun gjorde mindst en gang om dagen ved solnedgang, kom vi og var med. Det var alt.

Amma legede landsbyens lege med de små børn såsom kabadi og kottu kallu kali, og vi plejede at sidde og kigge på - vi lo og nød den skønne stemning og Ammas uskyld i samvær med børnene. Nogle gange stillede vi måske nogle spirituelle spørgsmål, men ærligt talt var de fleste af os ikke så interesserede i det. Amma fortalte os om de forskellige ting, hun havde lavet dagen inden, om det der var sket i landsbyen, eller måske fortalte hun os et eller andet om et besøg i en devotees hjem. Det var ikke en guru-discipel relation. Det var mere som et venskab eller en relation mellem en mor og hendes børn. Vi talte meget frit med Amma, og nogle gange argumenterede vi endda med hende. Vi havde ingen anelse om, hvordan man opførte sig over for en spirituel mester. Når Amma lavede noget husligt arbejde, kom vi og hjalp til. Hvis hun lavede mad, hjalp vi hende med det. Når der kom devotees for at tale med Amma, sad vi rundt omkring hende og lyttede til samtalerne.

Den gang var vi ikke bevidste om, hvad der skete. Vi gjorde ganske enkelt det, vi havde lyst til. Men som altid påvirkede Amma os ud fra det højeste niveau af indsigt og opmærksomhed. Amma *elsker*, men hun viser sin kærlighed på en intelligent måde. Hvis hun helt fra begyndelsen havde disciplineret os, ville mange af os have låst døren for hende. I al hemmelighed var hun ved at knytte os til sig med sin kærligheds ubrydelige silketråd.

Når vi fortæller sådanne historier om, hvordan det var at være sammen med Amma i den første tid, er mange devotees målløse ved tanken om at kunne leve sammen med Amma på den måde. Det er rigtigt; det var en gylden og magisk periode. Det ville være en løgn, hvis jeg sagde noget andet. Alligevel er der ingen grund til at være ked af det og tænke, at de ting, der var tilgængelige den gang, ikke også er tilgængelige i dag. Det er rigtigt, at antallet af mennesker, som kommer for at se Amma, er meget større i dag. Men hvis du ser, hvad Amma foretager sig under sine programmer, er det præcis de samme ting, hun gjorde dengang sammen med os. Ligesom vi den gang sad og kiggede på, at Amma legede med børnene, sidder de hengivne i dag og ser, hvordan Amma løfter de små spædbørn op, der kommer til darshan - måden hun napper i deres kinder og nipper dem i tæerne. Ligesom vi plejede at snakke med Amma om alle mulige dagligdags ting, sådan taler Amma stadig med folk, der kommer til darshan eller sidder omkring hende. Hun småsnakker med dem og fortæller dem måske om nogle af de steder, hun har holdt programmer, og de ting, der er sket der. Og hvad gør alle dem, der deltager ved Ammas programmer? Når Amma mediterer, mediterer de; når Amma synger bhajans, synger de bhajans. Og når Amma indimellem går i gang med at gøre rent - enten i ashrammen eller ved slutningen af Devi Bhava - hjælper alle til, ligesom vi gjorde det for mange år siden. Så ud over det antal mennesker, som kommer og er med, er der ikke så meget, der har forandret sig. Selvom vi har mindre individuel personlig kontakt med Amma, er Ammas sankalpa [skabende beslutning] på en eller anden måde i stand til at rette op på det. Hvis vi er åbne, vil vores tilknytning til hende blive lige så stærk, som den ville have været, hvis Amma kunne tilbringe mere tid med hver enkelt af os.

Selvfølgelig er Ammas darshan central for, at vores tilknytning til hende fordybes. I Ammas arme føler vi os befriet fra alle byrder.

31

I omfavnelsens fredfyldthed oplever vi en ubestridelig følelse af enhed med Amma. Ammas darshan har virkelig en utrolig indvirkning på folk, fordi den i sandhed giver dem en oplevelse af Gud - en fornemmelse af deres sande Selv. For mange mennesker er dette en øjenåbner, som fuldstændig omstøder prioriteterne i deres liv. Det er som om, at den akse, som ens verden drejer sig om, bliver rykket et nyt sted hen.

Det er tilsyneladende en mærkelig ting - at tillade en fuldstændig fremmed at omfavne dig. Men der er ikke nogen, der tøver eller føler sig generte eller utilpasse, når de kommer for at få darshan hos Amma den første gang. Det er som om, de omfavner deres egen mor - eller endda deres eget Selv. De tager derfra bagefter og føler, at de har kendt Amma hele livet. Det er fordi, den første darshan er begyndelsen til en relation uden begyndelse.

Bruger man bare et enkelt minut af sin tid på at betragte Amma, er det aldrig spildt. Vi kan lære om mange spirituelle principper ved at kigge på hende og reflektere over hendes handlinger. Faktisk lærer vi langt mere ved at se andres eksempel end ved at lytte til, hvad de siger. Hvis en far siger til sin søn, at han ikke skal ryge, men selv ryger, vil det ikke have den store betydning. Hans handlinger taler langt højere end hans ord. Det samme princip gælder den tid, vi bruger på at betragte Ammas måde at være sammen med andre mennesker. Vi opdager, at vi på den måde helt spontant og naturligt begynder at indoptage nogle af hendes egenskaber - det være sig ydre eller indre. Det er, som Amma siger: "Hvis du besøger en parfumefabrik, vil duften hæfte ved din krop."

En af tilgangene til meditation er at fokusere på Gud i en bestemt form. Når du begynder at koncentrere dig om Gud i en bestemt form, vil du efterhånden naturligt tilegne dig de egenskaber, der hører til denne form. Når vi mediterer på den Guddommelige Moder, fyldes vores tanker med kærlighed og medfølelse. Hvis vi mediterer på Hanuman og tænker på hans styrke og mod, vokser vi selv mentalt i styrke og mod. Meditation på Guddommen Shivas form, som er indbegrebet af askese og fravær af tilknytning, hjælper til at udvikle ikke-tilknytning og blive mere vedholdende i vores spirituelle praksis. Dette er ikke en mystisk proces. Det samme sker hele tiden i det almindelige liv. Man behøver blot at tænke på dem, som bliver helt besat af en bestemt filmstjerne eller musiker. Begynder de ikke også tit at efterligne måden at gå på og at tage det samme tøj på og tale på samme måde? Jeg husker, hvordan jeg i 2001 pludselig så masser af drenge med bakkenbarter og "soul patches", et lille skæg under underlæben. Det virkede, som om det var opstået ud af det blå. Nogle af drengene var ikke gamle nok til, at skægget kunne vokse ud, men de gjorde alligevel alt, hvad de kunne. Da jeg spurgte ind til denne trend, var der én, der forklarede mig, at der var kommet en ny Bollywood-film, som hed *Dil Chahta Hai*, der var blevet meget populær. Stjernen i denne film havde samme form for skæg og frisure. Hvis der kan opstå så stærk en identifikation bare ved at se en enkelt film et par gange, kan du så forestille dig, hvilken transformation det er muligt at opnå gennem en intens meditationspraksis, som udføres hver dag? At iagttage Amma, mens hun giver darshan, synger bhajans, holder taler osv., er faktisk en form for meditation - med åbne øjne. Ligesom du indoptager de egenskaber og kvaliteter, som hører til den guddommelige form, du tilbeder under meditation med lukkede øjne, vil du begynde at tilegne dig Ammas egenskaber, når du tilbringer tid sammen med hende og fokuserer på hende. Når vi er vidne til Ammas medfølelse, ønsker vi selv at vise mere medfølelse. Når vi oplever hendes tålmodige og ligefremme måde at være på, vil vi selv begynde at stræbe efter at være mere tålmodige og ligefremme.

Amma siger: "Vi kommer til at forstå, hvad sandhed, *dharma*, uselviskhed og kærlighed er, fordi guruen er et levende eksempel på disse egenskaber. I guruen er disse egenskaber gjort levende. Ved at efterligne og adlyde satguruen, udvikler vi selv de samme egenskaber."

Her følger et eksempel på, hvordan en sådan tilegnelsesproces finder sted. Medmindre Amma stadig er i gang med at give darshan, plejer hun i Amritapuri at komme hen til bhajansalen hver aften lige før kl. 19.00 for at lede de hengivne sange. Når Amma kommer, plejer der for det meste at være en gruppe små børn, der står bag hendes *pitham* [guruens stol], og de forsøger alle sammen at komme nærmest hen til det sted, hvor Amma skal sidde. Både for devotees og for *ashrammens* beboere er det meget kært at være vidne til. I august 2008 var der en treårig indisk dreng fra USA, som besøgte ashrammen. Han var deroppe sammen med alle de andre børn og forsøgte at finde et godt sted at sidde. Og så et øjeblik før Amma gik op på scenen, stillede han sig ganske enkelt op på Ammas pitham. Selvfølgelig fik det alle i salen til at vende opmærksomheden mod ham. Så ofrede han ærbødigt sin *pranam* ved at samle sine hænder over hovedet i *anjali mudra* akkurat ligesom Amma plejer at gøre, og bagefter satte han sig med benene over kors præcis ligesom Amma. Han tog en af Ammas trommestave og begyndte at slå rytmen på Ammas mikrofonholder på præcis samme måde, som Amma nogle gange gør til bhajans. Da Amma så ham sidde der, begyndte hun at le. Der var nogen, der fjernede ham, men efter Amma havde sat sig, kaldte hun på drengen og bad ham om at komme tilbage og sidde ved siden af sig. Hun gav ham mikrofonen. Straks forsøgte drengen at sige *prema-svarūpikalum ātma-svarūpikalumāya ellāvarkkum namaskāram* -"Jeg bøjer mig for alle, hvis natur er guddommelig kærlighed og Selvet" - hvilket er det, Amma plejer at sige, hver gang hun indleder en offentlig tale. Så begyndte han at synge

34

sin bhajan, som var en sang til Ganesh, præcis som Amma gør. Det var meget kært at være vidne til. Som de fleste treårige var hans udtale ikke helt tydelig, men følelsen, han udstrålede, var ren Amma. Alle devotees og ashrammens beboere sørgede for at holde takten for barnet, mens han sang. Man kan indvende, at det bare var et barn og uden betydning, men det er et perfekt eksempel på, hvordan vi indoptager Ammas væremåder, handlinger og egenskaber. De bliver vores vaner, og vaner bliver vores personlighed. Hvis vi bare har den mindste smule modenhed, begynder vi at tilegne os Ammas egenskaber på dybere niveauer - den kærlighed, medfølelse og uselviskhed, som er drivkraften bag hvert eneste af hendes ord og handlinger.

Så selvom den fase i vores relation, hvor vi ganske enkelt sidder og kigger på Amma, overfladisk set kan synes at være uden nogen videre betydning, er den faktisk et afgørende element i at opbygge vores tilknytning. Først når vores tilknytning til guruen er dybt og fast forankret, kan vi opnå den tro og tillid, der er påkrævet for at følge guruens råd, anbefalinger og lære på en ordentlig måde.

Hvis vi læser den episke fortælling Mahabharata, ser vi, at det først er midt i bogen, at Arjuna bliver Krishnas discipel. Indtil da er det præcis ligesom med Amma en relation, der minder om relationen mellem venner. I det fjerde kapitel af Bhagavad-Gita, taler Krishna faktisk ikke kun til Arjuna som en devotee men også som en *sakhe* - ven. Den tillid, åbenhed og hjertelige nærhed, som kendetegner et oprigtigt venskab, er essentielt for at skabe en frugtbar relation mellem guru og discipel.

I skrifterne omtales tilknytning hele tiden som en alvorlig forhindring for spirituel fremgang. Amma taler ofte selv om vigtigheden af at transcendere vores tilbøjelighed til at være tiltrukket og frastødt af forskellige ting og at slippe afhængigheden af vores præferencer. Derfor er det kun naturligt, at det kan skabe forvirring, når vi bliver knyttet til Amma. I tråd med dette husker jeg en hændelse, der fandt sted tilbage i midten af 1980erne. Dengang plejede Amma næsten altid at deltage i vores morgenmeditationer. Når vi var færdige med at meditere, plejede hun at svare på alle de forskellige spørgsmål, vi måtte have. En af disse morgener var der en af de brahmacharier, der deltog - nu Swami Amritagitananda - som var kommet i tvivl om det følgende spørgsmål. Han havde ikke fortalt Amma, hvad tvivlen handlede om, men den havde plaget ham under hele hans meditation. Han havde tænkt: "Jeg er kommet her for at transcendere alle mine tilknytninger, men alligevel er jeg ved at knytte mig så meget til Amma! Er det ikke bare en anden form for binding? Er jeg ikke bare hoppet fra én form for maya [illusion] til en anden?"

Pludselig så Amma direkte på ham og sagde: "Tilknytningen til ens guru og til ashrammen er ikke en binding eller maya. Alle andre tilknytninger er bindinger. En torn bruges til at fjerne andre torne. På samme måde fører tilknytningen til guruen til befrielse."

På samme måde stod der for få år siden en ny brahmachari i nærheden af Amma, mens hun gav darshan. Pludselig så Amma op på ham med et kærligt smil. Hun kaldte ham til side og spurgte ham, hvad han tænkte på. Han sagde: "Jeg er ved at blive så knyttet til Amma, men jeg er bekymret for, om det i sidste ende blot vil forvolde mig smerte." Amma sagde: "Denne tilknytning er tilknytningen, der fjerner alle andre tilknytninger. Selvom den kan være smertefuld, vil smerten rense dig. Den vil blive en vej til gud."

Amma er den mest tilgængelige person i verden. For at møde hende er det eneste, man behøver at gøre, at stille sig i en kø. Der er ingen forhindringer. Hun rækker hele tiden hånden ud mod os for at løfte os, men det er op til os at tage Ammas hånd. Når vi har gjort det, vil hun holde godt fast i den, indtil vi selv er i stand til at gå. Det er ikke for at sige, at det bånd, vi knytter til Amma, kun er for begyndere. Det vil fortsætte med at modnes og blive dybere gennem hele vores liv. Når vi udvikler os, bliver det mere og mere centralt for det menneske, vi er - et essentielt aspekt af vores tilværelse. I virkeligheden er det endelige mål, der kan opnås, bevidstheden om, at guruen og disciplen altid har været ét - det er det ultimative bånd. Men i begyndelsen er den ydre forbindelse i fokus. Det er dette bånd og de dyrebare minder, vi får, når vi tilbringer tid sammen med Amma, som får os til at komme igennem de svære perioder i livet, som vi alle sammen må gennemgå. Når vi på et vist tidspunkt er klar til det, vil der ske en forandring i vores relation til Amma. Så begynder disciplineringen. For os, som var den første flok brahmacharier, fandt dette skift sted efter to eller tre års tid. En skønne dag bliver moderen til guru.

ভ৹

Kapitel 3

Guruens afgørende betydning

Lyset fra guruens nåde hjælper os til at se forhindringerne på vores vej og fjerne dem.

– Amma

Amma siger, at guruen først viser sig, når der er en discipel. Det betyder, at indtil vi er klar til det, vil Ammas guru bhava [hendes rolle som guru] ikke manifestere sig for os. Omvendt vil dette vente på os i det øjeblik, vi er klar til det. Vi ser noget lignende i Mahabharata. I første halvdel af den episke fortælling opfører Krishna sig aldrig som en guru over for Arjuna. Det er fordi, at disciplen Arjuna ikke er født endnu. Men da Arjuna indrømmer sin manglende evne til selv at løse sine problemer og overgiver sig ved Krishnas fødder og beder om belæring og vejledning, er guruen Krishna der med det samme og siger: "Du sørger over dem, der ikke skal sørges over," osv. Det er først på dette tidspunkt, at den egentlige undervisning i Gitaen begynder.

Vi taler om Ammas 'Guru bhava,' men i virkeligheden er alle de forskellige sider, som Amma viser os af sig selv, en bhava [en rolle, hun har påtaget sig]. Til forskel fra os identificerer Amma sig ikke med de forskellige former for udklædning, hun tager på, her i verden. Vi kan måske påstå, at vi er 'lærer' eller 'studerende', 'forretningsmand', 'læge' eller 'kunstner' osv., men Amma identificerer sig kun med det Sande Selv - den lyksalige bevidsthed, som er fundamentet for tanken og det fysiske univers. Så Amma er i sin iboende natur ikke guru. Ej heller er hun grundlæggende set en 'moder,' en 'humanitær leder' eller noget lignende. Hun ved, at hendes eneste varige og sande natur er evig, lyksalig bevidsthed. For at vise medfølelse påtager Amma sig roller (bhava) som moder, humanitær leder, ven, gud eller guru, når som helst det er påkrævet. Barnet, der har brug for kærlighed og omsorg, kalder på moderen. Den, der lider, påkalder sig det humanitære aspekt af Amma. Den, der søger en hjertelig ledsager, påkalder sig en ven. Den hengivne kalder på Gud. Disciplen fremkalder guruen. (Kun når vi forstår dette, vil vi erkende den fulde betydning af Ammas tilsyneladende tilfældige bemærkninger såsom: "De kalder mig for 'Moder', og 'derfor kalder jeg dem for børn.' Amma ved ikke andet end dette.") I sidste ende er alle disse kategorier baseret på uvidenhed. I højdepunktet af den spirituelle visdom, hvor Amma dvæler, findes der kun enhed - disciplen og guruen, den hengivne og gud, barnet og moderen - de er evigt én. Det er grunden til, at Amma siger: "For at guruen skal være der, må der først være en discipel."

For nogle få år siden blev Amma interviewet til en amerikansk TV-dokumentarfilm. Filmen skulle skildre de vigtigste budskaber fra ledere inden for verdens største religioner. Amma var den eneste repræsentant for hinduismen. I slutningen af det to timers lange interview, bad instruktørerne Amma om at introducere sig selv foran kameraet. De forklarede, at de ville have Amma til at se ind i kameraet og sige noget i retning af: "Goddag, mit navn er Sri Mata Amritanandamayi Devi, og jeg er en humanitær og hinduistisk spiruel leder, som kommer fra Kerala i Indien. Efter at de havde forklaret hende dette, grundede de andre swamier og jeg med undren over, hvad Amma mon ville stille op, fordi den slags ganske enkelt ikke er noget, Amma går rundt og siger. I løbet af de sidste 30 år har jeg aldrig nogensinde hørt Amma komme med den slags udsagn. Så vi var alle sammen spændte på at høre, hvad der ville ske. Amma smilede, men afslog forslaget. Vi troede, at det ville være enden på sagen, men instruktørerne insisterede. De sagde noget i retning af: "Kom nu Amma, alle de andre spirituelle ledere gjorde det." Men Amma bøjede sig stadig ikke. Hvis der er én ting, Amma altid er, så er det naturlig. For eksempel poserer hun aldrig foran en fotograf. Og for Amma ville det helt enkelt ikke være naturligt at sige sådan en sætning. Men på grund af sin medfølelse ønskede Amma ikke at såre instruktørernes følelser. Vi troede derfor, at hele sagen var afsluttet, men pludselig sagde Amma: "Denne synlige form kalder folk for 'Amma' eller 'Mata Amritanandamayi Devi', men det iboende Selv har hverken navn eller adresse. Det er altgennemtrængende." Dette udsagn vidner om, at Guru Bhava kun er noget, Amma viser, når disciplen fremkalder den rolle. Det er svaret på et behov. Når behovet modnes, dukker guruens form op. Men Ammas sande natur har hverken navn eller adresse. Den er hinsides alt.

Der er to hovedområder inden for Ammas Guru Bhava: viden og disciplin. Hvad angår viden, tror nogle mennesker, at det ikke er nødvendigt at have en guru. De tror, det er nok bare at studere skrifterne. Men skrifterne fastslår gentagne gange, at guruen er essentiel, hvis man skal gøre sig håb om at nå det endelige mål. Adi Shankaracarya[7] skriver i sine kommentarer til Mundaka Upanisad, at selv én, der er uddannet i sanskrit, logik og andre af den slags sastraer [videnskaber], ikke skal forsøge at opnå viden om Selvet uden en guru.

Hvorfor er guruen så essentiel? Amma forklarer: "Når folk er ude at rejse og bruger et kort til at finde vej, risikerer de alligevel at fare vild og ikke komme frem. Desuden viser kortet ikke, hvor der er vilde dyr eller landevejsrøvere. Det er først, når vi

---

[7] Adi Shankaracaryas kommentarer og tekster (circa år 800) konsoliderede Advaita Vedanta filosofien.

har en erfaren guide med os på rejsen, at vi slipper for at føle os anspændte. Hvis man rejser med nogen, som kender vejen rigtig godt, vil rejsen forløbe mere let og gnidningsløst."

I alle områder af livet - uanset om det er videnskab, kunst eller forretning - er det nødvendigt at have en lærer. Det samme gælder spiritualitet. I virkeligheden er spiritualiteten det mest subtile vidensområde, der findes, fordi man rent faktisk studerer sit eget Selv. Inden for biologien gør videnskabsmanden brug af et mikroskop, når han studerer mikroorganismer. Inden for kemien er det kemikalier. Inden for spiritualiteten er det videnskabsmanden selv, der er genstand for studierne. Således er studieområdet uden for sansernes og intellektets rækkevidde, hvilket ellers plejer at udgøre vores primære veje til erkendelse. Når et emne er så subtilt, opstår der et endnu større behov for en lærer. Som Amma ofte siger: "Man har endda brug for en, der lærer en at snøre sine sko ordentligt!" En sadguru som Amma nøjes ikke blot med at forklare os, hvad den spirituelle vej går ud på, og fjerne den tvivl, vi møder undervejs. Gennem en dyb indsigt i vores personlighed hjælper en sadguru os også til at transcendere de forhindringer, vi møder undervejs.

Amma sørger hele tiden for at give os viden - det være sig en dybere indsigt i dharma, karma yoga, meditation eller den ultimative sandhed. En uophørlig flod af viden strømmer fra Ammas læber. Hun er hele tiden klar til at guide mennesker til at leve og tænke på mere intelligente og harmoniske måder. I Amritapuri afholder hun spørgsmål- og svarsessioner med beboerne og de besøgende to gange om ugen, og tilsvarende sessioner bliver afholdt under Ammas retreats på hendes rejser rundt i verden. Det eneste, der er nødvendigt for at fremkalde dette aspekt af Ammas Guru Bhava, er interesse.[8] Det er derfor, Amma siger, at

---

[8] Des mere oprigtig vores interesse er, jo mere dybtgående er Ammas svar.

"guruen i Amma vil først dukke op, når der er en discipel." Her taler hun primært om guruens disciplinerende aspekt.

Det endelige mål med det spirituelle liv er i teorien meget enkelt: en fuldstændig tilegnelse af vished om, at vores sande natur ikke er kroppen, følelserne eller intellektet, men altfavnende, evig, lyksalig bevidsthed. Vi har ikke brug for at åbne øjnene og kigge os i spejlet for at vide, hvem vi er, når vi vågner om morgenen. Vi er slet ikke i tvivl: "Hvem er jeg? Er jeg en mand? En kvinde? En abe? Indisk? Amerikansk? Japansk?" Vi *er* helt enkelt godt klar over det. Vi skal føle os lige så overbeviste, når det gælder den spirituelle viden, vi tilegner os. Det er faktisk ret mærkeligt: *gennem* sindet er vi nået til en forståelse af, at vi *ikke* er sindet. Sindet er en kilde til uvidenhed og på samme tid udgør det et middel til befrielse. Som Shankaracarya skriver:

vāyunā'nīyate meghaḥ punastenaiva nīyate |
manasā kalpyate bandho mokṛastenaiva kalpyate ||

Skyer føres fremad af vinden og drives væk af samme kraft.
På samme måde forårsager sindet menneskets binding og
ligeledes menneskets befrielse.

Vivekachudāmani, 172

Rent intellektuelt er det ikke vanskeligt at begribe, at menneskets natur er bevidsthed. Men gennem mange liv har vi været overbeviste om præcist det modsatte. Vi har været fuldstændig identificerede med kroppen, følelserne og intellektet, og vi har kun forbundet glæde med opfyldelsen af vores ønsker. Vi er blevet så vant til at tænke på den måde, at det ikke er så let lige at lave om på det. Amma plejer at fortælle en lille historie om en mand, der i mange år havde sin pung i baglommen af bukserne og en dag besluttede sig for at gå med den i brystlommen i stedet for. Hvis du spurgte ham, hvor han havde sin tegnebog henne, mens han var afslappet og havde tid til at tænke over det, så ville han sandsynligvis sige: "Åh, den ligger i brystlommen nu." Men havde han travlt med at betale for en kop kaffe, ville han række ud efter bukselommen. Den viden, han teknisk set havde, og hans adfærd stod i modsætning til hinanden.

Der var en gang en hjemløs mand, som hverken havde noget job eller sted at bo. Han overlevede kun ved at spise det, han kunne finde rundt omkring, og nogle gange havde han ikke noget andet valg end at søge efter mad i affaldscontainere og skraldespande. En dag var der et humanitært indstillet menneske, som nærmede sig, fordi han ledte efter hjemløse, som han kunne rehabilitere. Han gav den hjemløse husly og et fast bidrag til mad. Den hjemløse fik også penge til at gå på universitetet. Manden var ovenud lykkelig over den medfølelse, som filantropen havde vist ham. Han takkede ham af hele sit hjerte, begyndte at studere og vendte fuldstændig op og ned på sit liv. Ti år senere var han færdig med sin uddannelse, og han havde fået en MBA lederuddannelse. Han blev ejer af en virksomhed, som var registreret på Fortune 500 listen. En dag sad han på bagsædet i sin limousine, mens han røg en fin cubansk cigar og kiggede på byen, der gled forbi uden for de tonede ruder. Pludselig råbte han til chaufføren: "Stop! Stop! For guds skyld. Stands bilen! Hvad er der i vejen med dig? Er du skør?"

Chaufføren hamrede bremserne i. "Hvad? Hvad er der, Sir?"

Den hjemløse mand, der var blevet forretningsmogul, råbte tilbage: "Hvad der er? Kunne du ikke se det? Manden, der gik rundt omkring hjørnet, smed et helt fint stykke pizza væk!"

Nu havde manden penge nok til at købe 100 pizzabutikker, men denne indsigt havde ikke gennemsyret den ubevidste del af hans sind. Da han så pizzaen blive smidt i skraldespanden, glemte han sin nuværende status, og hans gamle tankemønstre dukkede op til overfladen.

Næsten hvem som helst kan melde sig til et undervisningsforløb såsom 'Østlige religioners filosofi 101' og tage derfra med en basal forståelse af Vedanta-filosofien. Men sådanne mennesker opnår ikke oplysning. Årsagen er deres sind. De har endnu ikke renset deres sind i tilstrækkelig grad til at kunne integrere deres viden på en ordentlig måde. De fleste af os savner evnen til at skelne, sansen for det subtile, opmærksomheden, tålmodigheden og evnen til at fokusere. Sindet er også fyldt af egoistiske ideer og konstant plaget af at være tiltrukket til og frastødt af forskellige ting. For virkelig at kunne modtage den ægte spirituelle viden, må alle disse urenheder fjernes fra sindet. På mange måder er det langt sværere at rense sindet end at opnå viden. Det siges endda, at når først man har opnået mental renhed, kommer befrielsen helt af sig selv. Guruens disciplinerende aspekt melder sig, når det gælder om at hjælpe disciplen med at rense sindet.

"Så længe du ikke har kontrol over sindet, må du følge de regler og restriktioner, som Guruen opstiller," siger Amma. "Når du har opnået kontrol over sindet, er der ikke længere noget at være bange for."

De fire kvalifikationer

Skrifterne forklarer os om adskillige områder, hvor vi er nødt til at disciplinere sindet og rense det. Først når vi har gjort det, vil vi være i stand til at integrere den spirituelle viden på en ordentlig måde. På sanskrit refererer man samlet til disse områder som sadhana caturtaya sampatti - de fire kvalifikationer[9]. De omfatter: viveka, vairagya, mumukshutvam og samadi shatka sampatti

---

[9] Man refererer til dem som 'kvalifikationer', fordi viden om Selvet ikke kan rodfæste sig i sindet, hvis disse kvaliteter ikke er blevet udviklet på en ordentlig måde. Hvis vi mangler nogle af dem, betyder det, at vi skal gøre en større indsats for at udvikle dem og ikke, at vi savner kvalifikationerne for at leve et spirituelt liv.

- skelneevne, lidenskabsløshed, længsel efter befrielse og de seks discipliner, begyndende med kontrol over sindet.

På nogle områder minder en sadguru som Amma om en coach - der ikke kun underviser os i livets spilleregler, men også sikrer sig, at vi er ordentligt klædt på til at følge dem. Som enhver anden god coach, kender Amma de psykiske styrker og svagheder, der kendetegner alle hendes spillere. Hun ved også, hvordan hun kan hjælpe dem til at overkomme disse svagheder - uanset, hvad der skal til. Gennem personlig belæring, ved at skabe udfordrende situationer, korrigere fejl og hjælpe disciplen til selv at erkende sine svagheder, viser Amma os vejen til at styrke og forfine sindet indtil det punkt, hvor det er i stand til at integrere den højeste sandhed. Hvis disciplens sind er fuldstændig rent, siges det faktisk, at sandheden erkendes i selvsamme øjeblik, den bliver forklaret for ham - den såkaldte 'øjeblikkelige realisering'.

Viveka, vairagya og mumuksutvam

Det første område, hvor vi må forfine sindet, er viveka. I den dybeste betydning af ordet handler viveka om evnen til at skelne mellem atma og anatma - Selvet og ikke-Selvet. Både når man kigger på sig selv og på den ydre verden skal man være i stand til at adskille virkeligheden fra ikke-virkeligheden - fårene fra bukkene om man så må sige. Nødvendigheden af konstant at udøve skelneevne er en af årsagerne til, at det spirituelle liv siges at være som 'at balancere på en knivsæg[10].' Men vi kan også benytte den samme form for skelnen på det materielle niveau. I sidste ende handler livet om en række beslutninger. I hvert øjeblik, i hvert eneste samspil med andre mennesker, med hvert eneste åndedrag har vi et valg, hvor vi enten kan handle, tale og tænke på en måde, der bringer os nærmere målet eller længere væk fra

---

[10] Katha Upanishaden, 1.3.14

det. Så viveka er at handle ud fra den klare forståelse af, at målet for det menneskelige liv - vedvarende glæde - aldrig kan komme fra ting, der ikke er vedvarende. Målet kan kun opnås gennem noget vedvarende.

Når først vi forstår forskellen mellem det, der giver midlertidig glæde, og det, der giver varig glæde, vil vi helt naturligt begynde at trække os væk fra det første og bevæge os i retning af det sidste. Impulsen til at trække sig væk fra midlertidige glæder kaldes for vairagya, og impulsen til at bevæge sig mod den evige glæde kaldes mumuksutvam. På denne måde er vairagya, mumuksutvam og viveka alle direkte relateret til hinanden.

Mumuksutvam [tørsten efter befrielse] er i virkeligheden iboende i ethvert menneske. Alle ønsker sig transcendens. Ingen ønsker, at deres glæde skal begrænses. Når som helst vi er frustrerede over vores begrænsninger, afspejler det vores iboende mumuksutvam. Men de fleste mennesker er ikke i stand til at forstå, at så længe vi søger begrænsede ting, kan vi ikke undgå oplevelsen af begrænsning - at tilfredsstille sanserne, relationer til andre, præstationer osv. De få mennesker, der formår at indse det, lærer nærmest aldrig, at der findes noget ubegrænset - Selvet - som man kan stræbe efter. Derfor fortsætter vi med at forsøge at presse så meget glæde, vi formår, ud af alle de begrænsede ting, vi kan opnå. Det er først, når vi takket være nåde hører om potentialet for at transcendere alt dette ved at realisere Selvet, at vores iboende mumuksutvam bliver stærk nok til at hjælpe os. Desuden er det først her, at styrken i vores mumuksutvam, eller manglen på samme, bliver afsløret for os. Det er kun, når der findes en vis substans i den, at vi kan begynde at udvikle viveka [skelneevne] og vairagya [lidenskabsløshed]. Ellers bliver vi ved med at søge glæde via den begrænsede materielle verden.

Generelt bliver disse tre kvaliteter styrket, når vi udfører karma yoga. Karma yoga er ikke en bestemt handling, men en holdning, som kan indtages, uanset hvilken handling, man engagerer sig i. Essensen bag holdningen er, at man udviser fuldkommen omhu, når det gælder den handling, man udfører, og fuldkommen accept når det gælder resultatet af handlingen. (I kapitel fem bliver karma yoga nærmere forklaret.) Det er lettere sagt end gjort at indtage denne holdning, især hvis den vigtigste motivation for at udføre bestemte handlinger er materielle resultater - f.eks. penge, navn og berømmelse osv. Derfor er det meget lettere at indarbejde den rette karma yoga indstilling til vores arbejde, når vi engagerer os i et arbejde, som ikke er affødt af vores eget ønske, men som vi alene gør, fordi vores Guru har bedt os om at gøre det. Det er en af grundene til, at Amma som regel efter et stykke tid foreslår, at vi udfører en eller anden form for arbejde. Det kan være at gøre rent i køkkenet, at passe på køerne, at gøre rent på offentlige steder og i parker, at hjælpe med den lokale Amma satsang-gruppes nyhedsbrev eller endda at arbejde for Ammas universitet eller hospital. Nogle gange handler det endda om at tjene Amma direkte. Gennem den slags arbejde får vi en fornemmelse af, hvordan det er at udføre arbejde som karma yoga. Det kan være 60 timers arbejde om ugen eller bare et par timer i en weekend. Hvad det end drejer sig om, vil vi gradvist udvikle evnen til at få en karma yoga holdning til alle aspekter af vores liv - uanset om det er et lønnet job for en multinational virksomhed eller huslige pligter.

Guru seva - uselvisk tjeneste, som guruen guider os til - er ikke en form for slavearbejde. Det er heller ikke noget, vi gør for til gengæld at få Ammas lære og kærlighed. Guruen er ét med den guddommelige sandhed, som gennemtrænger Skabelsen. Som sådan har Amma ikke brug for, at vi vasker gryder eller hjælper med at snitte grøntsager ved hendes programmer. Ej heller har hun brug for, at vi hjælper til med ashrammens projekter, som er baseret på uselvisk tjeneste. Amma har i virkeligheden overhovedet ikke brug for, at vi laver frivilligt arbejde for at tjene andre. Både med og uden sådanne ting er hun fuldkommen. Amma giver os muligheder for at udføre disse opgaver, fordi hun ved hvor uendeligt meget, det gavner os at udføre dem med kærlighed, omsorg og oprigtighed. Hun kender sådanne handlingers kraft til at rense vores sind, så det slipper tilbøjeligheden til at være tiltrukket og frastødt af bestemte ting. Sådanne handlinger hjælper os til at opøve større ligegyldighed over for sansernes forbigående fornøjelser og i stedet vække længslen efter Selvets evige lyksalighed. Alt dette er essentielt, hvis vi skal opnå sand frihed.

Faktisk findes der også en anden meget unik måde, hvorpå Amma hjælper alle til at opdyrke mumuksutvam og vairagya, og det er gennem hendes darshan. Den kærlige sødme, vi oplever ved Ammas omfavnelse, kan med ét stilne vores sind og lade den fred og lyksalighed, der er knyttet til vores sande Selv, skinne igennem. For mange er denne oplevelse en sand øjenåbner - som en fødsel. Som tidligere nævnt transformerer det vores måde at tænke på og ændrer vores mål i tilværelsen. Ammas darshan hjælper os til at opleve en dyb fred, som ikke knytter sig til noget sanseobjekt - en fred der kommer indefra. For den spirituelt søgende er det som den berømte gulerod, der hele tiden får én til at fortsætte. Som en *sannyasi*, der besøgte ashrammen en gang bemærkede: "Darshan er en oplevelse, som gør, at man bagefter aldrig nogensinde igen ønsker at opleve noget andet."

En hengiven forklarede en gang virkningen af Ammas darshan på følgende måde: Da hun var lille, ville hendes forældre ikke have, at hun skulle spise chokolade. I stedet for gav de hende carob og fortalte hende, at det var chokolade. I årevis fortsatte hun med at spise carob og troede, at det var chokolade. Men det var uundgåeligt, at der til sidst var nogen, som gav hende et stykke rigtig chokolade. Bagefter blev hun aldrig nogensinde tilfreds af kun at spise carob. Det samme gælder Ammas darshan. Amma siger, at når folk får hendes darshan, er det som at drikke krystalklart kildevand, efter at man hele livet har forsøgt at slukke sin tørst i spildevand. Så til en vis grad hjælper Amma os helt fra begyndelsen med at forfine vores sind og give os det rigtige perspektiv på livet.

De resterende områder, som er påkrævet for at forfine sindet refererer man samlet til som samadi satka sampatti - de seksfoldige discipliner, som begynder med mental kontrol[11]. De er *sama, dama, uparama, titiksa, sraddha* og *samadhana.*

Dama

Lad os begynde med dama - at udvikle kontrol over vores sanser. I de indledende stadier af det spirituelle liv er vores sind svagt, og det kan let blive forstyrret af mange sanseobjekter. Vi forsøger at leve ud fra den sandhed, at vi selv er kilden til al lykke. Men det er ikke særlig let, når vi i mange liv har været vant til udelukkende at søge og i nogen grad finde en flygtig lykke gennem de ydre ting i verden. Således betyder dama bogstaveligt talt at undgå kontakt med sanseobjekter, der kan forstyrre sindet. Eksemplet med skildpadden er kendt fra Bhagavad-Gita:

yadā saṁharate cāyaṁ kūrmo'ṅānīva sarvaśaḥ |
indriyāṇīndriyārthebhyaḥ tasya prajña pratiṛthitā ||

Når han trækker sig væk fra sanseobjekterne, ligesom en skildpadde trækker sine lemmer tilbage, bliver hans visdom stærk og solid.

Bhagavad-Gita, 2.58

---

[11] Under *arati* hyldes Ammas evne til at hjælpe sine børn til at udvikle disse kvaliteter gennem navnet *sama-dama dayini* - hun, som giver kontrol over sindet og sanserne.

Så snart der sker noget farligt, trækker skildpadden straks sine fire ben og sit hoved til sig. Når den således lukker den ydre verden ude, er den i sikkerhed, indtil faren er overstået. På samme måde må den spirituelt søgende undgå at lade sine fem sanseorganer - øjne, ører, næse, smag og berøring - komme i kontakt med ting, der potentielt kan være skadelige.

Hvis vi for eksempel er på slankekur og kan vælge to forskellige veje at komme hjem - hvor den ene går forbi Pizza Hut og Ben & Jerrys isbutik - er det dama at vælge den anden vej. Eller hvis vi er spirituelt søgende og tager bussen, hvor folk, der sidder foran os, snakker om hverdagsting, så kan vi tage hovedtelefonerne og lytte til nogle bhajans eller spirituelle taler. I værste fald kan vi helt enkelt lukke øjnene, hvis der er noget, vi ved, at det er bedre, vi ikke kigger på. Det er alt sammen eksempler på forskellige former for kontrol over sanserne.

Ud ad den tangent hørte jeg en sjov vittighed om en mand, der udviste dama. En kunde i et bageri stod meget nøje og granskede udvalget af fyldige kager, der var udstillet på bakkerne. Da ekspedienten nærmede sig og spurgte: "Hvad skulle det være?" svarede han: "Jeg kunne godt tænke mig en doughnut med creme og chokoladeovertræk, en doughnut med marmelade og et stykke ostekage." Så tilføjede han med et suk: "Men jeg tager en muffin med havreklid."

I Amritapuri er ashrammens beboere nødt til at følge mange regler. Alle reglerne er rettet mod at hjælpe dem til at få kontrol over sanserne. Det, der ikke optages af sanserne, kan heller ikke så let komme ind i sindet. Amma har lavet reglerne, fordi hun har deres eget bedste i sinde. De er kommet til ashrammen med et særligt mål for øje, og Amma ønsker at hjælpe dem til at opnå det.

Psykologer kritiserer ofte klosteragtige restriktioner og påstår, at det handler om en form for undertrykkelse, som kan forårsage fysiske og psykiske lidelser. Det er delvist rigtigt. Undertrykkelse kan resultere i den slags sygdomme. Men den spirituelt søgendes dama handler ikke om at undertrykke og fortrænge. Der er snarere tale om sublimering. Hans afkald er baseret på en indre overbevisning om, at impulsen til at give efter for sanserne er en blokering for at nå hans højere mål. I den forstand siger Amma, at det er ligesom en studerende, der ikke går ud med sine venner og i stedet for vælger at læse op til sin eksamen. Eller det er som en diabetiker, der undgår sukker. Han undgår bestemte ting, fordi han har fået en dybere indsigt, som er forankret i hans skelneevne. Derfor er der harmoni mellem hans sind og krop, og det fører ikke til et sammenbrud. Hvis et lille barn tror, at hans bamse beskytter ham mod de monstre, der bor i skabet, og vi alligevel tvinger ham til at smide den væk, kan han tage psykisk skade af det. Men når barnet er vokset fra den måde at se tingene på og selv beslutter sig for at sove uden sin bamse, er der selvfølgelig ikke længere noget problematisk i det. Den rigtige dama udspringer af indsigt - viden om at sanseobjekter dybest set er værdiløse - og ikke af en moraliserende forestilling om, at de er 'onde'.

En dag blev en munk, som havde været låst inde i en munkecelle og lavet bodsøvelser i årtier, meget syg. Flere læger kom for at finde ud af, hvad han fejlede, men ingen formåede at stille den rigtige diagnose. Til sidst kom der en psykiater. Efter en kort samtale forklarede psykiateren ham, at hans problem var, at han havde undertrykt sine behov. "I 20 år har du vendt ryggen til verden og frasagt dig alle verdslige glæder," forklarede psykiateren ham. "Du bliver nødt til at løsne lidt op og begynde at leve livet. Jeg foreslår dig, at du kommer ud af din munkecelle, kører lidt omkring og kommer rundt i landet."

"Det går slet ikke!" sagde munken. "Jeg har givet afkald på alle den slags ting. Jeg har aflagt løfter. Mit liv handler om mådehold - ikke om forlystelser!"

Psykiateren fastholdt sin anbefaling og sagde, at han enten måtte løsne lidt op eller dø. Munken lukkede øjnene og reflekterede over det. Ti sekunder efter åbnede han dem igen. "Okay," sukkede han. "Men så skal du give mig en Mercedes Benz med lædersæder og et fedt stereoanlæg." Vores kontrol over sanserne skal være baseret på indsigt. Hvis vi nøjes med at undertrykke vores ønsker, vil de bare blive stærkere og til sidst overmande os.

Sama

Den næste form for disciplin er sama - kontrol over sindet. Selvfølgelig er det umuligt for enhver helt at lukke af for alle potentielt skadelige sanseobjekter. Uanset om vi kan lide det eller ej, vil nogle af dem gå ind gennem vores sanser og gøre indtryk på os. Når først et indtryk har banet sig vej til sindet, vil det indimellem blive ved med at dukke op i bevidstheden. Og selvom vi på en eller anden måde har været i stand til ikke at se eller høre det, der hæmmer vores spirituelle udvikling, er vores sind fuldt ud i stand til selv at skabe negative ting. Vi har alle prøvet at være offer for negative tanker. Måske opdager vi pludselig, at vi tænker negativt om nogle i vores omgangskreds. Det kan være en bekendt, en arbejdskollega eller et familiemedlem - og måske er vi overdrevent kritiske over for en mangel ved hans personlighed. Det er her sama kommer ind i billedet. Selvom disse impulsive tanker ikke kan forhindres, kan man tage dem i opløbet, mens de stadig er små og i spireform. Én form for sama går helt enkelt ud på at erstatte den negative tanke med en positiv tanke. Det kan være at chante vores mantra, huske en gang vi var sammen med Amma eller helt bevidst vælge at tænke på en god egenskab, som dette menneske har.

Amma anbefaler også en anden metode, som går ud på at fjerne den negative tanke ved at udfordre den intellektuelt og stille spørgsmålene: "Vil den her tanke virkelig hjælpe mig godt på vej i livet? Vil den hjælpe samfundet? Vil denne tanke hjælpe mig til at opnå livets mål? Hvis jeg kun ser det negative i andre mennesker, hvordan vil jeg så nogensinde kunne få en oplevelse af enhed med hele Skabelsen?" Når vi tænker over tingene på den måde, vil vi også kunne udrydde den potentielt skadelige tanke.

Spørgsmålet er så, hvordan Ammas Guru Bhava hjælper os med at gøre det? Når det handler om dama kan Amma sætte ydre begrænsninger for os. Men er hun også i stand til at gøre noget ved det, der sker inde i vores hoved? Svaret er ja. I forhold til den seva, som ashrammens beboere laver, kan Amma virkelig være ihærdig. Hvis hun bliver opmærksom på, at arbejdet bliver udført på en skødesløs måde, vil hun helt bestemt tilkalde den ansvarlige. Hun vil irettesætte den pågældende på en måde, der gør ham mere opmærksom på, hvordan han fremover udfører sit arbejde. Snarere end at irettesætte nogen, vil Amma straffe sig selv i stedet for - sædvanligvis ved at faste. Hvis vi bare holder en lille smule af Amma, kan den slags hjerteskærende hændelser gøre et dybere indtryk end en hvilken som helst irettesættelse.

Den gang jeg stadig arbejdede i banken, plejede jeg indimellem at ryge. Faktisk var en af de vigtigste grunde til, at jeg gjorde det, at jeg ville holde mig vågen, mens jeg arbejdede, når jeg havde været oppe hele natten, mens Amma holdt Devi og Krishna Bhava darshans. Uanset hvad årsagen var, så var rygningen ved at blive en vane. Så en aften - under den korte pause mellem to bhava darshans - ville jeg hente en kop te til Amma fra en devotee, som boede i nærheden og havde et lille sted, hvor han serverede te. Mens jeg stod udenfor, tænkte jeg, at jeg lige kunne nå at ryge en hurtig cigaret, mens jeg ventede på, at mælken kom i kog. Det gjorde jeg så. Da teen var færdig, slukkede jeg cigaretten, vaskede mine hænder, rensede munden og herefter gik jeg hen til Amma med teen. Så snart jeg rakte hende den, sagde hun: "Du har røget en cigaret, har du ikke?" Det indrømmede jeg. Amma så på mig med et udtryk i ansigtet, der vidnede om, at hun følte sig ubehageligt til mode og sagde: "Så vil jeg ikke have teen." Jeg fik det rigtig dårligt, fordi jeg vidste, at denne ene kop te var det eneste, som Amma indtog under hele den lange nat. På grund af min opførsel ville hun nu ikke en gang kunne drikke denne kop te. Dagen efter, da jeg var på arbejde, fik jeg igen trang til at ryge. Men da jeg mærkede trangen, kom jeg med det samme til at tænke på, hvordan Amma så på mig med det udtryk i ansigtet og sagde: "Så vil jeg ikke have den". Jeg tænkte også på, hvordan hun havde fastet hele natten. Så besluttede jeg mig for at stoppe med at ryge. Det blev enden på sagen. Hver gang jeg fik lyst til at ryge, tænkte jeg på Ammas faste. Snart var jeg holdt helt op med at ryge.

Så når Amma fremkalder sin Guru Bhava og skælder os ud eller straffer sig selv, gør det et dybt indtryk, som fæstner sig i vores sind. Ønsket om at undgå at opleve noget tilsvarende med Amma en anden gang gør os endnu mere opmærksomme, og vi bliver meget bevidste om hver eneste detalje, der angår den handling, vi er blevet irettesat for. På den måde bliver vores arbejde ligesom en meditation. Når vi fokuserer på detaljer i vores opførsel udadtil, bliver vi mere bevidste, men vi vil også kunne træne samme form for skærpet opmærksomhed, når det gælder detaljer i vores indre. Og den indre opmærksomhed er essentiel for at opnå succes med at praktisere sama. For det er kun, når vi lige med det samme bliver opmærksomme på tilstedeværelsen af en skadelig tanke eller impuls, at vi kan fjerne den ved at chante vores mantra eller bruge vores skelneevne og dømmekraft. Så når Amma disciplinerer os, kan hun også på den måde hjælpe os.

55

Uparama

Uparama er den vedholdende udførsel af ens dharma [pligt], hvad den end måtte være. Den dharma, der knytter sig til familielivet, er selvfølgelig forskellig fra, hvad der hører til livet som brahmachari eller sannyasi. Men som Ammas børn er der dharmaer, som vi alle har til fælles, og som inkluderer den daglige udførsel af archana, chanting af vores mantra et bestemt antal gange, meditation, seva osv. I virkeligheden gælder det for os, der er Ammas børn, at alt det, Amma siger, vi skal gøre, er vores dharma. I ashrammen har Amma sine specielle måder at hjælpe sine brahmacharier til at fastholde den regelmæssige praksis. Her følger et eksempel: For nylig fandt Amma ud af, at der var nogle brahmacharier, som var holdt op med at komme til archana om morgenen - det er den chanting af bla. Lalita Sahasranama[12], som begynder kl. 4:50 hver morgen. Den tirsdag, da alle fra ashrammen gik op for at få Ammas prasad, læste Amma navnene højt på dem, der var udeblevet. Alle de udeblevne blev bedt om at træde frem. "Dette er en ashram," sagde Amma. "Reglerne og rutinerne er blevet skabt for at gavne jer. Nu må I betale bøden. Nu må I tage jeres tallerkener og banke i dem med skeen, mens I går rundt på ashrammens område og synger: 'Jeg vil komme til archana. Jeg vil ikke gentage denne fejl! Jeg vil komme til archana. Jeg vil ikke gentage denne fejl!' Kort efter blev ashrammen fyldt af lyden af metalskeerne, der bankede på ståltallerknerne og den generte sang fra omtrent ti brahmacharier. Efter at de var kommet tilbage, sagde Amma: "Vi går alle i vuggestue, når det handler om at lære spiritualitet. Vi er nødt til at følge nogle regler og leve op til nogle krav. Vi sætter alle en ære i at pleje vores krop og sørge for, at vores udseende fremtræder ordentligt. Vi vil huske denne afstraffelse, og det vil tjene til, at vi er mere opmærksomme næste

---

[12] Den guddommelige moders tusind navne.

gang. Ved at træne opmærksomheden, kan vi blive så årvågne, at selv ikke den mindste negative tanke vil kunne opstå, uden at vi bemærker det. Det er den grad af opmærksomhed, vi har brug for at udvikle."

Titiksa

Titiksa er evnen til at bevare tålmodigheden og den indre ligevægt, mens vi gennemgår livets forskellige oplevelser, såsom varme og kulde, velbehag og smerte osv. Kort sagt indebærer det at tilpasse sindet til den nuværende situation. Et af de bedste eksempler på, hvordan Amma hjælper til at udvikle titiksa finder sted under hendes ture i Indien, hvor alle, der er med fra ashrammen, kører i bus. Der vil uundgåeligt mangle plads til fødderne og sæderne er ikke polstrede, sådan at stød absorberes og mindskes. Nogle gange må man endda deles om en plads og skiftes til at stå op. I midtergangene i busserne står der ofte store gryder, pander, kasser og højtalere. Nogle steder er vejene i ganske fin stand, men andre steder er det som at køre op og ned ad månekratere! Om dagen stiger temperaturen, så det nogle gange bliver meget varmt, men der er ingen aircondition. Hvad handler det hele om? Det er i virkeligheden en af de måder, hvormed Amma hjælper sine disciple til at øge deres tolerancetærskel. Smerte er relativ. Det, som det ene menneske kan finde ulideligt og smertefuldt, kan et andet menneske, som er psykisk stærkere, bare ryste af sig. På egen hånd ville ingen ønske at tage på sådan en rejse. Men fordi der undervejs er unikke muligheder for at tilbringe smukke øjeblikke sammen med Amma, ser alle i ashrammen frem til turene, og der kommer devotees fra hele verden, som også ønsker at deltage. De forstår behovet for at gennemgå de krævende forhold, og derfor er de villige til at gøre det. Når de afslutter turen, er de psykisk blevet langt stærkere.

Sraddha

Sraddha er tillid og tro på guruens og skrifternes ord. Det kan godt være, at vi oplever, at vi har en stærk tro, men når vi ser nærmere på det, er den ofte ret begrænset. Amma siger: "I denne tid er vores tro som en kunstig legemsdel. Der er ingen vitalitet tilbage. Vi har ikke en dyb forbindelse til troen i vores hjerte, fordi den ikke er blevet en indgroet del af vores liv."

En gang kom en mand, som vandrede i bjergene og nød den smukke natur, til at træde for tæt ud til klippekanten, hvor han var lige ved at falde ned. Desperat rakte han ud efter noget og fik fat i grenen på et gammelt træ, som stod ved siden af klippen. Han blev meget bange og tog bestik af sin situation. Han var ca. 30 meter nedenfor en stejl klippe og ca. 250 meter fra bunden af kløften under ham. Han råbte: "Hjælp mig!" Men der kom intet svar. Han råbte igen og igen, men til ingen nytte. Til sidst råbte han: "Er der nogen deroppe?"

Pludselig svarede en dyb stemme ham: "Ja, jeg er heroppe."

"Hvem er det?"

"Det er Gud."

"Kan du hjælpe mig?"

"Ja, jeg kan godt hjælpe. Tro på mig."

"Okay, så tror jeg på dig. Så hjælp mig nu - vil du ikke nok!"

Den dybe stemme svarede, "Okay. Jeg vil have, at du skal tro på mig og give slip."

Da manden så sig omkring, gik der panik i ham. Han kunne ikke tro sine egne ører. "Hvad?"

Stemmen gentog sig selv. "Tro på mig. Giv slip. Jeg vil gribe dig."

På dette tidspunkt råbte manden: "Uha... er der nogle andre deroppe?"

Tro er ikke noget, som vi kan forcere frem gennem disciplin. Men Amma hjælper os med at udvikle og styrke troen indefra. For når en oplyst mester taler, har ordene en kraftfuld autoritet, der ikke er lig nogen andens. Det er fordi, de sandheder, de fortæller, er 100 procent noget, de selv har erfaret. Ingen skrifter, ingen filosof og ingen lærd vil kunne udøve samme form for indflydelse. Hver eneste af Sadguruens handlinger og ord afspejler det faktum, at han er forankret i den ultimative sandhed, og at det er muligt for hver af os at erkende denne sandhed i vores eget liv. I det spirituelle liv ser vi desuden, at tro avler mere tro. I den indiske kultur indarbejdes troen lige fra barnet kommer til verden. Samskaras - fødselsritualer, navngivningsceremonier, første-måltid ritualer, ceremonier ved begyndelsen af uddannelsen, ægteskaber osv. - er vævet ind i livsforløbet, sådan at man gradvist bliver mere og mere rodfæstet i sin tro på den religiøse og spirituelle traditions kraft og gyldighed. Når man kommer til guruen, har man allerede fået en dyb tro på de spirituelle principper gennem sin egen erfaring. Under guruens vejledning fortsætter troen med at modnes. Ofte beder guruen os for eksempel om at påtage os en opgave, som er uden for vores bekvemmelighedszone. Måske beder han os om at udføre et job, som vi slet ikke føler os kvalificerede til. Hvis vi tror på guruen og handler uden tøven, vil vi opdage, at der ikke var grund til at frygte noget. Dette vil i endnu højere grad styrke vores tro. Men hvis vi på den anden side giver efter for vores blokeringer og afstår fra at følge guruens ord, vil vores frygt kun vokse. Vores sind er en udmærket tjener, når det er styret af troen. Men hvis vi tillader det at tage over og bestemme over os, vil det blive en tyrannisk mester.

Samadhana

Samadhana er fuldkommen koncentration med et ensidigt fokus. Dette er kun muligt at lære ved at træne de spirituelle praksisformer, som guruen anbefaler, såsom meditation, mantra japa og andre måder at chante og synge på. (Dem vil vi gennemgå nærmere i kapitel otte.) Så længe vi er overladt til os selv, og vores længsel efter befrielse endnu ikke er fuldstændig vakt, kan det i nogen grad være svingende, hvor regelmæssigt vi udfører vores praksis. Men i ashrammen sørger Amma for, at hendes disciple følger et stramt skema, som hjælper dem med at opnå fuldkommenhed i det ensidige fokus på det, de mediterer på.

Der er ikke kun brug for koncentration, når det gælder om at være i stand til at fokusere på noget bestemt under meditation eller på Guruens lære. Koncentration er også nødvendigt, når det handler om at opnå det, der er målet med ens liv. Denne form for koncentration kalder Amma for lakshya bodha - opmærksomhed på målet. I Ammas ashram finder man mange steder små klistermærker – i elevatorerne, på computerne, på rattet i ashrammens biler – hvor der står: "Husk at chante dit mantra." Hver eneste tanke på Guruen, som vi har, kan tjene det samme formål som et sådant klistermærke, hvis vi har den rigtige indstilling.

Vi skal ikke forvente, at Amma lige pludselig en dag kalder på os og forklarer os, at i dag begynder vores guru-discipel forhold. Sådan foregår det ikke. Amma vurderer hvert menneskes grad af modenhed, overgivelse, fravær af tilknytning og længsel efter målet, og hun handler i overensstemmelse hermed og tager altid det store billede i betragtning. Nogle bliver mere eller mindre med det samme klar til det, mens andre om man så må sige har brug for lidt længere tid i bageovnen. Der er intet, der er helt sort eller hvidt. Amma vil disciplinere os i den udstrækning, som vi hver især er klar til det. Herudover er alle forskellige. Det er ikke alle, som har brug for, at Amma direkte udsætter dem for sin disciplinering. Der findes mennesker, som har været i ashrammen i 20 år, som Amma aldrig på nogen måde har irettesat direkte. Samtidig findes der devotees, som aldrig har været i Amritapuri, og som Amma helt fra begyndelsen udviser stor strenghed overfor.

Det viser alt sammen, at Amma ser et større billede, end vi kan se med vores øjne, mens hun tager højde for hvert menneskes fortid, nutid og fremtid og handler ud fra det. Amma siger, at vi ikke kan opstille en generel liste med regler for, hvordan guruen vil behandle disciplen. "Guruen guider disciplen ud fra de uhensigtsmæssige vaner, som disciplen har tilegnet sig gennem mange liv." Amma siger: "Guruen kan sagtens opføre sig meget forskelligt over for forskellige disciple i identiske situationer. Det giver ikke nødvendigvis mening for dig. Kun guruen forstår, hvad der er årsagen til det. Guruen beslutter, hvilke fremgangsmåder, der skal følges, for at svække de uhensigtsmæssige vaner i et bestemt individ og føre det i retning af målet. Den afgørende faktor, som vil hjælpe disciplen til at gøre fremskridt, er at overgive sig til guruens beslutninger. Når to disciple begår samme fejl, kan mesteren måske blive meget vred på den ene af dem og være meget kærlig over for den anden og virke som om, intet er hændt."

Ultimativt set fjerner guruen disciplens ego. Det er som en dygtig skulptør, der giver en klippe form. Set ud fra klippens perspektiv kan det synes meget smertefuldt, men mesteren ser det smukke billede af Gud, der venter på at blive afsløret indeni. Det er ikke en proces, der kan forceres. Guruen går varsomt til værks. Det er en proces, som kun en mester inden for denne kunst kan forestå. Andre vil blot knuse stenen og skæmme skønheden i det billede, som venter inde bag lagene af sten.

Den eneste forskel mellem stenen og disciplen er, at stenen ikke har andet valg end at overgive sig. Men disciplen kan altid få nok og gå sin vej, hvilket sker indimellem. Nogle af de steder, hvor guruen rammer ned, kan være meget smertefulde. Og en Sadguru som Amma kender alle de rigtige steder! I Indien findes der mennesker, der kaldes marmikas - det er folk, som kender alle de subtile punkter i kroppen, og som blot ved at banke på et særligt sted med en finger er i stand til at invalidere et menneske. Amma er også sådan. Med en enkelt sætning kan hun få os til at føle os afmægtige. Samtidig har hun kraften til at skjule det for alle andre. Alle andre tror bare, at det er en sjov vittighed, endnu en af Ammas lilaer [guddommelige lege], eller endda en kompliment. Kun den, som Ammas indsats er rettet mod, ved, hvor skarpt og præcist pilen har ramt.

Jeg husker en hændelse, som fandt sted for flere år siden. Amma gav darshan og en devotee spurgte: "Amma, hver gang jeg kommer her til ashrammen, hører jeg så mange smukke bhajans. Hvor kommer alle de bhajans fra? Hvem skriver dem?"

Amma svarede: "Der er så mange mennesker, som skriver bhajans - devotees, brahmacharier, brahmacharinier, swamier..." Så slog hun ud med hånden mod en brahmachari, som sad i nærheden af hende. Amma sagde: "Han har skrevet nogle meget smukke sange."

Tilsyneladende gav Amma denne brahmachari en kompliment. Men i virkeligheden var det et præcist slag fra Ammas hammer, der ramte stenen. Denne brahmachari havde ganske rigtigt skrevet flere bhajans og givet dem til Amma, men Amma havde stadig ikke sunget nogen af dem. Ugen inden havde han netop forhørt sig hos Amma om det: "Amma, jeg har givet så mange bhajans til dig i offergave, men du har aldrig sunget nogen af dem! Andre mennesker ofrer også bhajans til dig, og selvom jeg ved, at de ikke er lige så gode som mine, begynder du straks at synge dem. Jeg ved, at det kun er fordi, at du holder mere af dem end af mig."

Amma havde svaret: "Søn, du sagde, at du 'gav' disse sange til Amma, men gjorde du i virkeligheden det? Hvis man virkelig giver noget til nogen, så er det ikke længere ens eget. Det tilhører den, som det er givet til. Det er en sand offergave. Det virker som om, der er mange betingelser knyttet til din 'gave'."

Den æstetiske og musiske kvalitet af de bhajans, han havde komponeret, var måske højere. Men som hans Guru, var det ikke Ammas primære ærinde at synge fremragende bhajans, men at lære ham noget om egoet[13], som viser sig gennem følelsen af ejerskab til handlingen. Amma har altid vores højeste gode i sinde. Selvom sådanne oplevelser kan være smertefulde, er de dyrebare. Amma bruger sin tid på at formgive, korrigere og pudse.

Jeg husker, at jeg en gang læste følgende vers, der priser Guruen:

Hvis du føler dig som en mus,
hvis hale er fanget under kattens pote,
så vid, at Guruen holder dig
meget kærligt i sit hjerte.

Vi skal altid lade den indsigt leve i os. Ellers kan vi ligesom brahmacharien, som 'gav' sine sange til Amma, måske begynde at dømme Guruen og fejlagtigt tro, at hendes handlinger udspringer af ting, hun kan lide eller ikke kan lide, i stedet for at udspringe af ønsket om det bedste for os.

Jeg kan huske en familie, som plejede at bo i ashrammen. Udadtil stod de Amma nær. Men da Amma viste dem sin Guru Bhava, skyndte de sig at pakke deres ting og tage afsted, mens de fortalte folk, "Guruvayurappan[14] er blevet nok for os!" Guds hengivne beder altid om, at Gud skal vise sig for dem. Men når han gør det, varer det ikke længe, inden de ønsker, at han ville rejse tilbage, hvor han kom fra!

---

[13] Nogle få uger senere begyndte Amma at synge nogle af brahmachariens bhajans.

[14] Srì Krishna som blev indsat i et berømt tempel i Kerala i nærheden af Trissur.

Den indre Guru

Sadguruen viser os ikke kun vores fejl og mangler, men hjælper os også til selv at få øje på dem. Gradvist begynder verden mere og mere at ligne et spejl, som viser os alt det negative og alle bristerne i vores karakter. Amma forklarer, at i virkeligheden er det den ydre Gurus mål at vække den indre guru. Når vi udvikler evnen til at tune ind på Guruen på dette niveau, bliver hele verden til Guruen. Vi ser Guruens lære overalt, hvor vi kigger hen – i vores familie, i arbejdslivet, i vores sociale liv, selv i naturen. Sådan fortæller Amma, at hun oplevede det allerede som barn.

"Alt i denne verden er Ammas guru," forklarer Amma. "Gud og guruen findes i ethvert menneske. Men så længe egoet holder os fast, er vi ude af stand til at være opmærksomme på det. Egoet fungerer som et slør og skjuler den indre guru. Når først du opdager den indre guru, vil du opfatte guruen i alt i universet. Da Amma fandt guruen indeni sig selv, så blev alt, inklusive hvert et lille sandkorn, til hendes guru. Det kan måske undre dig at høre, at selv en torn er Ammas guru. Ja, hver en torn var hendes guru: for når tornen prikker i foden, bliver du mere opmærksom på den vej, du går hen ad. På den måde hjælper tornen dig til at undgå at blive stukket af andre torne eller til at falde ned i en dyb kløft. Amma ser også sin krop som en guru. For når vi reflekterer over kroppens midlertidighed, indser vi, at Selvet er den eneste evige virkelighed. Alt omkring Amma førte hende til at udvikle godhed, og derfor har Amma en følelse af ærbødighed over for alt i livet."

Det er den ydre gurus arbejde at føre os hen til det punkt. Men det er ikke sådan, at guruen forlader os, når vi når dertil. Tværtimod så er guruen nu hele tiden med os – spiser med os, går med os, arbejder med os og sover endda sammen med os. Det er fordi, guruens lære er blevet ét med os, og uanset hvor vores sind befinder sig, er læren der også. Desuden er visheden om, at guruens essens – bevidsthed – gennemtrænger kosmos også med os hele tiden. Når vi når til det punkt, er det som om, vi befinder os på et eksprestog. Vi kan ikke stige af – hele vores liv leves i samhørighed med sadguruen.

Kapitel 4

Betydningen af Ammas ashram

En ashram er ikke bare en samling livløse bygninger,
templer og træer. Den er snarere inkarnationen af
Sadguruens nåde. Den er en vital, dynamisk og
levende institution, som stimulerer den oprigtige
elevs intention om at opnå enhedstilstanden.

– Amma

For enhver, som er interesset i spirituel udvikling, findes der ikke noget mere befordrende sted end en oplyst mesters ashram. Amritapuri er som et universitet - det perfekte sted at lære, praktisere og indoptage spirituel lærdom. Når man først er nået hertil, har man ikke brug for at komme noget andet sted hen.

Selvom Amritapuri ofte ligner et sted, hvor man holder festivaller, snarere end et sted, hvor man trækker sig tilbage, sørger Amma for, at vi har alt det nødvendige for at udvikle os spirituelt - både på de fysiske og subtile niveauer. Hensigten er, at Ammas ashram skal udgøre et mikrokosmos af den 'virkelige verden', hvor vi møder alle slags mennesker og situationer. Hvis vi har den rigtige indstilling, vil det hjælpe os til at modnes spirituelt. At udvikle sig i ashrammen kan sammenlignes med at lære at svømme i en swimmingpool i stedet for at dykke ned i havet med det samme. Mens vi er under mesterlivvagten Ammas beskyttende øje, kan vi gradvist lære at mestre alle de tag, der er nødvendige for, at vi holder os godt flydende i livet. Herefter vil vi være i stand til at svømme hvor som helst. Som Amma forklarer det: "For den, der har mestret kunsten at svømme, udgør havets bølger en fornøjelig leg, men for den, som ikke kan svømme, er de skrækindjagende og kan i værste fald føre dem i døden."

Mange, der besøger Ammas ashram første gang, oplever, at det er ligesom at komme hjem. De har aldrig været der før, men alligevel føler de, at de for første gang i deres liv virkelig er kommet hjem. På det tidspunkt, hvor første udgave af denne bog udgives[15], er der mere end 3.000 mennesker, som er fast bosiddende i ashrammen - en blanding af sannyasier, brahmacharier og brahmacharinier og husholdere - som alle har deres daglige liv i Amritapuri. Ud over dette er Amritapuri ét ud af fem andre campus-områder ved Amrita-Universitetet, som også huser omtrent 3000 universitetsstuderende. Herudover vil der på en hvilken som helst dag også være hundredvis af besøgende fra hele verden. Nogle bliver op til seks måneder, mens tusindvis af andre bare kommer en enkelt dag for at modtage Ammas darshan. På mange måder er den ashram, som tidligere ganske enkelt var Ammas forældres hjem, blevet forvandlet til en fuldt fungerende landsby.

Amma sammenligner ofte ashrammen med en stor sammenbragt familie. Inden for den indiske tradition er det normalt, at når en mand gifter sig, så kommer hans kone og bor sammen med ham og hans forældre. Hvis de ikke bor i samme hus, bor de i nærheden af hinanden i samme boligkompleks, der hører til familien. Nogle af disse er kolossalt store. Jeg husker, at Amma i 2007 besøgte sådan et sted, der lå lige ved siden af Sri Ranganathan templet i Tiruccirapalli, Tamil Nadu. Der må have været omtrent 70 slægtninge, som boede sammen i et enkelt boligkompleks. Men det er i virkeligheden intet at regne mod Lakkur, Karnataka, hvor en familie på 170 medlemmer alle bor

---

[15] 2009

sammen! I gamle dage fungerede de fleste indiske familier på den måde. Nu om dage favoriserer man derimod kernefamilien. Den fremherskende holdning er, at det er mere end nok at have to forældre og deres børn under samme tag. Så snart børnene er gamle nok, ønsker de at flytte hjemmefra og bo for sig selv. Men Amma siger, at ser vi nærmere på det, så opdager vi, at børn, som opdrages i større familier generelt bliver mere modne og psykisk robuste end 'enebarnet' eller de børn, som kun opdrages sammen med én eller to søskende.

At bo i Amritapuri minder om dette, men blot i langt højere grad. I storfamilien taler alle samme sprog og deler samme kultur. I Amritapuri findes der mennesker fra 50 forskellige lande, som taler mange forskellige sprog! At lade så mange forskellige slags mennesker bo og arbejde sammen er en proces, som Amma sammenligner med at kaste hundredvis af rå sten ned i en kværn, der polerer stenene. Mens stenene bliver banket og kastet ind imod hinanden, forsvinder alle deres skarpe kanter. Når stenene til sidst kommer ud, er de blanke, pudsede og skinnende.

I vore dage ser man det stik modsatte. Alle gemmer sig for hinanden. Den ansatte skjuler sig for lederen. Manden skjuler sig for sin kone. Konen skjuler sig for manden. Børnene skjuler sig for forældrene, og forældrene skjuler sig for børnene! Som Amma siger: "Hvis der er fire mennesker, der bor sammen i et hus, lever de alle som isolerede øer."

Det minder mig om en tegneserie, som en devotee en gang viste mig. Tegningen forestillede en stor, kraftig kvinde med en kagerulle i hånden. Hun kiggede ned under en seng og råbte: "Hvis du er en mand, så kom ud dernede fra!" Og hvem gemte sig under sengen? Det gjorde manden. Han var lille og tynd og maste sig langt ind i hjørnet af den modsatte side af sengen. Derinde fra råbte han tilbage: "Jeg er manden i huset! Jeg kommer ud når som helst, jeg selv vil det!"

Vi forestiller os, at vi selv har valgt at isolere os, men i virkeligheden lader vi bare vores usikkerhed og overfølsomhed indskrænke os. Vi gør krav på 'et sted vi kan være under sengen' og tror, at vi er løbet af med sejren, alt imens vi er lykkeligt uvidende om, at vi har afskåret os selv fra kontakt med resten af dem, der bor i hjemmet!

I nutidens verden ønsker alle sig at have deres eget værelse, deres eget kontor og deres egen bil. Selv mobiltelefoner og internettet, som er blevet opfundet for at styrke forbindelsen mellem os, vil i vores hænder kun tjene til, at vi indkapsler og isolerer os selv endnu mere end nogensinde før. Resultatet er en ny generation, som er helt ude af stand til at bevare den psykiske ligevægt ved selv de mindste vanskeligheder. Når der opstår konflikter, bliver vi enten deprimerede eller grebet af raseri. I vores isolerede verdener er der ikke længere nogen, som kan holde vores ego og selviskhed i ave. Vi fokuserer kun på os selv og bliver ude af stand til at tage andres følelser og synspunkter i betragtning.

I 2007 holdt Amma en tale ved Cinema Verite Filmfestival i Paris, som havde titlen: *Medfølelse. Den eneste vej til fred i verden.* I denne tale opholdt Amma sig længe ved den manglende harmoni og balance mellem menneskeheden og naturen. Hun foreslog også en række handlinger, som folk kan implementere i deres liv, hvis de vil forsøge at rette op på situationen. Et af forslagene var samkørsel. Efter at Amma havde forklaret alle om de mest åbenlyse fordele ved det – mindre forurening, nedsat forbrug af benzin, mindre trafik osv. – tilføjede hun: "Det vigtigste er, at det vil fremme kærlighed og samarbejde mellem disse mennesker." Så tydeligvis ser Amma tilbøjeligheden til at isolere sig selv som et problem, der har alvorlige negative konsekvenser for det enkelte individ og for samfundet som helhed. Livet i ashrammen følger det samme princip: Det fungerer ligesom én stor form for samkørsel."

Ashrammen sikrer et ideelt miljø til at udføre vores spirituelle praksis. Som vi skal se i de kommende kapitler, kan vi grundlæggende inddele de spirituelle praksisformer i tre områder: karma yoga, meditation og søgen efter viden om Selvet. Som vi skal komme nærmere ind på i kapitel fem, tjener karma yoga primært til at hjælpe os med at opnå vairagya - at vi overvinder vores tilbøjelighed til at være tiltrukket til og frastødt af bestemte ting, hvilket hjælper os til, at vi i det mindste i nogen grad formår at bevare vores indre ligevægt. Når det gælder denne form for spirituel praksis, findes der intet bedre sted at opholde sig end Amritapuri. Hvis vi skal overvinde noget, er vi først nødt til at blive bevidst om, at det findes. I Amritapuri er der ikke noget sted, hvor vi kan gemme os - der er ingen senge, vi kan skjule os under. Hvis man insisterer på at holde fast i at være tiltrukket til og frastødt af bestemte ting, så er det meget sandsynligt, at Amritapuri ikke er et bekvemt sted at være. Men hvis man omvendt indser, at tilbøjeligheden udgør en begrænsning og ultimativt set ikke er ønskværdig, så bliver Amritapuri det perfekte sted at træne den nye indstilling til tingene.

I ashrammen er der på en gennemgribende måde mulighed for at træne tapas [afkald, du selv har accepteret]. Du kan træne tålmodighed, mens du står i kø, når maden skal serveres, eller mens du venter på at få Ammas darshan. Du kan øve dig i titiksa [at være uanfægtet i mødet med vanskeligheder], når du går mod strømmen af store menneskemængder, som deltager ved festivaldage som Onam og Ammas fødselsdag. Du kan overvinde din afhængighed af søvn, når du bliver oppe for at være sammen med Amma. Du kan overvinde din afhængighed af velsmagende mad. Du kan opdage, at du i virkeligheden ikke har brug for en plysseng i dit eget værelse, men at du kan sove lige så godt som en nyfødt baby, mens du ligger på en stråmåtte med nogle andre mennesker i et rum, der kun er 3,5 gange 3,5 meter stort. Du kan overvinde din modvilje mod støj og lære at opleve indre fred i alle miljøer. Der var en gang én, som fortalte mig den følgende vittighed om et land, hvor alt tog meget lang tid. En mand har brug for en bil, så han tager hen til en bilforhandler, hvor sælgeren viser ham to modeller, han kan vælge imellem. Manden peger på den bil, han ønsker at købe og betaler for den. Bilsælgeren siger: "Du kan hente din bil om præcis 10 år fra i dag."

Manden svarer: "Åh, er den klar om formiddagen eller om eftermiddagen?"

Bilsælgeren siger hertil: "Gør det nogen forskel?"

Manden svarer: "Det er, fordi blikkenslageren kommer om formiddagen."

Pointen er ikke, at ashrammen er ligesom et land, hvor tingene ikke fungerer effektivt. Ej heller at vi skal lide unødvendigt. Det er snarere tanken, at vi kan udvikle positive egenskaber såsom tålmodighed, hvis vi står i udfordrende situationer og møder dem med en positiv indstilling. Herudover hjælper Ammas nærvær og udstråling os med at bevare fokus trods de udfordringer, der opstår.

Hvad angår den anden form for spirituel praksis, meditation, er Amritapuri også et velsignet sted. Det er nærmest et paradoks. Hvordan kan et sted, som summer som en bistade af travlhed og emmer af støj og aktivitet, være så befordrende for meditation? Det er almindeligt, at folk betvivler det, når de besøger Amritapuri første gang. Men hvis de holder ud nogle få dage, finder de hurtigt ud af, at de opnår en indre ro til trods for alt det, der sker omkring dem. Selvom der måske befinder sig 10.000 mennesker i ashrammen, er der samtidig en følelse af at være alene. Det er noget, som kun kan tilskrives Ammas nærvær – en levende mester. I virkeligheden er det også Ammas nærvær, som hjælper os med at slippe tilbøjeligheden til at være tiltrukket til og frastødt af ting og til at overgive os gennem karma yoga. At være i nærheden af en fuldt oplyst sjæl er noget helt unikt og transformerende. "Uanset hvor dybt vi forsøger at grave ned i jorden for at finde vand, lykkes det ikke nødvendigvis. Heller ikke selvom vi graver mange forskellige steder," forklarer Amma. "Men hvis vi omvendt graver efter vandet i nærheden af en flod, behøver vi ikke at grave dybt, vi kan nemt finde vand. Ligeledes bliver opgaven meget lettere for dig som discipel, når du befinder dig i nærheden af en Sadguru. Du bliver i stand til at nyde frugten af din praksis uden at gøre en stor indsats."

Amma har realiseret den ultimative sandhed, og hendes sind er hele tiden fyldt af lyksalighed. Hendes sind er så rent, at det udstråler vibrationer af fred og ro. Disse vibrationer spreder sig udad og påvirker andre mennesker, som befinder sig i nærheden af Amma, så de også oplever indre fred. De gennemtrænger hele ashrammen. Det er grunden til, at mange mennesker straks føler sig mere afslappede og fredfyldte, når de kommer ind på ashrammens område. Selv journalister, som overhovedet ikke har nogen spirituelle tilbøjeligheder, får denne oplevelse og kommenterer det. Det er ligesom det fænomen, vi kender når en sympatisk stemt vibration påvirker andre adskilte enheder med en bestemt frekvens, så de også begynder at vibrere på samme frekvens. Det er præcis det fænomen, som er skildret symbolsk på billeder af forskellige helgener, hvor løver og lam ligger fredfyldt side om side. Lammets frygtsomhed og løvens vildskab bliver neutraliseret af de kraftfulde, fredfyldte vibrationer i Mahatmaens sind.

Mange forskellige slags mennesker kommer for at besøge ashrammen. Nogle går bare tilfældigt i land, mens de er ude at sejle i en af turistbådene. Ofte er det tydeligt, at sådanne mennesker er tyngede af livets byrder. Selvom de er på ferie, er det åbenlyst at se, at mange af dem føler sig meget belastede. Når jeg betragter sådanne mennesker, må jeg indrømme, at min interesse bliver vakt. Hvorfor? Fordi jeg ved, at hvis de bliver i en uges tid eller to, sker der en stor forvandling i dem. De vil begynde at gå, tale og smile på en anderledes måde. De vil komme til at virke sundere både psykisk og fysisk. Man vil kunne se deres ansigter lyse på en særlig måde, mens de før hovedsageligt var omgivet af mørke skyer. Jeg kan kun tilskrive forandringen de dybe og kraftfulde vibrationer, som Amma udstråler. Og det er disse kraftfulde vibrationer, der helt naturligt fører vores sind ind i en meditativ tilstand. Det er grunden til, at folk har meget lettere ved at bevare fokus, når de er sammen med Amma. Det gælder både, mens de chanter deres mantraer og visualiserer det, de har valgt at meditere på, og på den måde kan de generelt set bevare et mere fuldstændigt fokus på gud.

Når det handler om jnana yoga, skaber Amritapuri også et ideelt miljø. Amma holder ikke alene regelmæssigt taler og spørgsmål-og-svar sessioner. Der er også undervisning i de vigtigste skrifter såsom Upanishaderne, Bhagavad-Gita og Brahma Sutraerne. Den udsøgte skønhed ved Ammas spørgsmål-og-svar sessioner er, at Amma ikke afholder nogen fra at stille et hvilket som helst spørgsmål. Herudover svarer hun altid ud fra det niveau af indsigt, som kendetegner den, der stiller spørgsmålet. Den slags skræddersyede svar er ganske enkelt ikke tilgængelige i bøgerne. Amritapuri er det perfekte sted til at studere skrifterne, få afklaret sin tvivl og ultimativt set tilegne sig spirituel viden. I den fred, der hersker i Ammas ashram, er man bedre i stand til at reflektere, fungere ud fra forskellige grader af sakshi bhava [at være i vidnetilstanden] og reflektere over sandheden i Selvet.

Amma forklarer, at jorden i Amritapuri er fyldt af hendes tårer - af alle de store anstrengelser, hun har gjort og fortsætter med at gøre for at gavne verden. Det er det, der har gjort jorden her hellig. Som sådan er Amritapuri det mest frugtbare sted at udvikle bhakti - hengivenhed til gud. Amma definerer ikke bhakti som hengivenhed til en bestemt form for gud. Hun siger, at det snarere er den reneste form for kærlighed – en kærlighed uden grænser, forventninger og restriktioner. Den kulminerer i, at man fuldstændig overgiver sig til det guddommelige. Hengivenheden viser sig på forskellige måder afhængigt af den søgendes udvikling, men den indre følelse forbliver der altid, og vokser sig blot stærkere. Mange mennesker, der besøger Amritapuri, har end ikke forstået betydningen af ordet 'hengivenhed', men inden længe fødes bhakti indeni dem. Når vi lytter til Ammas inderlige syngen af bhajans, og når vi ser hendes ekstase, mens hun kalder på Gud, sker der hurtigt en transformation, hvor vi oplever, at hjertet udvider sig i kærligheden til Gud. Bhakti bliver forvandlet fra et abstrakt begreb til at udgøre centrum af, hvem vi er.

Blot ved at opholde os i ashrammen og gå omkring i den, føler vi os inspireret til at engagere os i vores spirituelle praksis og være vedholdende. På næsten alle måder er den en modsætning til vores hjem. De fleste familier har et lille rum, der er viet til Gud, mens resten er dedikeret til familien. At bo i ashrammen er som at leve inde i et kæmpestort pujarum[16]. Familiens hjem er indrettet til at være behageligt for os. Der er billeder af familiemedlemmerne på væggen, minder fra vores ferie, fjernsynet, den bløde sofa... det hele minder os konstant om vores begrænsede personlighed og ansporer os til at opsøge behagelige oplevelser gennem sanserne. Derhjemme er vi ofte den eneste, som har lyst til at stå tidligt op, chante archana, meditere, læse skrifterne osv. Mens vi selv er stille, fester familien. Når vi forsøger at faste, laver de vores yndlingsret. Jeg kan huske, at der en gang var en, der viste mig en tegneserie, som handlede om dette. En teenager sad i soveværelset i et middelklassehjem og var klædt ud som brahmachari - han havde tøjet på, hovedet var barberet bortset fra en

---

[16] I Indien er der normalt tradition for, at et af hjemmets værelser bliver dedikeret til bøn, meditation og tilbedelse.

Den tidløse vej

enkelt hårtot, og han holdt en tamburin i hånden, så han kunne spille bhajans. Forældrene stod i dørtærsklen til hans værelse og så ud, som om de var vældig utilfredse med den retning, deres søn havde valgt i livet. Underteksten forklarede: "Din far og jeg vil blot tilføje, at vi bakker dig 100 % op, hvis du vender tilbage til at blive afhængig af stoffer." Det er helt anderledes i ashrammen. Her er alle billederne af guder eller mahatmaer. Når du ser dig omkring i ashrammen, bærer mennesker uniformer, der vidner om renhed og afkald. Mindet om Amma gennemtrænger alt. Hendes fodtrin dækker ashrammens områder. Når vi ser hen på de omgivende vandområder, husker vi, hvordan vi så Amma krydse dem i landsbyens båd eller historierne om Amma, der svømmede sammen med sine barndomsvenner. Når vi ser ud på havet, husker vi, hvordan Amma sad nede på stranden tæt ved bølgerne og lyksaligt sang "Sristiyum Niye." Og når Amma er i ashrammen, kan man selvfølgelig hele tiden gå hen og se hende give darshan. Hver aften synger Amma bhajans! Der findes ingen atmosfære, som er mere inspirerende end en levende mesters ashram.

Her findes kraften i sangha - det spirituelle fællesskab. Alle står tidligt op. Alle mediterer. Alle er med til bhajans osv. Hvis nogen sover fra morgenklokken, hjælper folk dem med at vågne op, så de kan være med til at chante. Alt dette hjælper os til at holde fast i vores spirituelle praksis i de perioder, hvor vi ellers ville have givet op, hvis vi var overladt til os selv. Det er som at lære alfabetet henne i skolen i stedet for at være helt overladt til sig selv.

Livets fire stadier

Den vediske plan for livet indebærer fire asramaer [livsstadier]: brahmacarya asrama, grihasta asrama, vanaprastha asrama og sannyasa asrama[17]. Ifølge dette system rejste drenge (i alderen fra ca. 7 til 20 år) afsted for at leve som brahmacharier i en ashram, hvor de fik en uddannelse af guruen - som både forberedte dem til det verdslige og det spirituelle liv. Herefter vendte flertallet tilbage til grihasta asrama [livet som husholder, dvs. livet med ægteskab og et verdsligt liv], mens nogle ganske få ikke tragtede efter at blive gift og søgte direkte til sannyasa asrama [livet i kloster]. Formålet med livet som husholder var ikke at engagere sig endnu mere i at få opfyldt egne ønsker. Denne livsform gik ud på at opfylde ønsker i en vis udstrækning, men samtidig også rense sit sind gennem karma yoga. Herved udviklede man den modenhed, der er kendetegnet ved indsigten i, at vedvarende lykke aldrig kan opnås ved at opfylde sine ønsker. Når børnene var blevet voksne, og forældrene ikke længere havde ansvar for dem, rejste forældrene hjemmefra og slog sig ned i skovene for at meditere - vanaprastha asrama. Når de var psykisk klar til det, kappede de endda til sidst det ægteskabelige bånd og begyndte at leve et liv i sannyasa asrama.

Af forskellige årsager er den måde at leve sit liv på næsten helt forsvundet i løbet af de sidste par århundreder. Amma siger, at det blot vil resultere i fiasko, hvis man forsøger at genoplive det. I stedet for at forsøge at genskabe fortiden, gælder det om at gå ind i fremtiden og samtidig bevare de traditionelle værdier i så vid udstrækning som muligt. Dette er formålet med Ammas ashram - at skabe et sted, hvor mennesker alle vegne fra kan komme og bo, mens de praktiserer de forskellige former for spirituel praksis, som oprindeligt hørte til de fire asramaer.

At bo i ashrammen handler ikke om at flygte fra sit ansvar. Når vi først har dedikeret os til en bestemt vej i livet, skal vi sørge for at fuldføre den på en ordentlig måde. I Ammas ashram

---

[17] De fire *asramaer* [livsstadier] er at leve respektivt som studerende, husholder, eneboer og munk eller nonne.

er størstedelen af dem, der bliver brahmacharier eller brahma-charinier, lige blevet færdige med universitetet, og de er endnu ikke blevet gift. De er i tyverne og ønsker at vie hele deres liv til den spirituelle vej. De aflægger ingen ydre løfter, men de har til hensigt at gøre det. De vælger at bo i ashrammen i stedet for at gifte sig. Amma anbefaler ofte, at dem, der er interesseret i en sådan livsform, starter med at bo et års tid i ashrammen for at se, hvordan deres sind reagerer på de krav og regler, der er en del af hverdagen. Hvis de herefter føler, at de besidder den grad af lidenskabsløshed, der er påkrævet for at leve sit liv på den måde, kan de tilslutte sig. Når de har levet i ashrammen i mange år, bliver nogle af dem formelt initieret til brahmacharya, og Amma selv giver dem gule klæder. Brahmacharier og brahmacharinier er under træning til at blive munke og nonner. De følger strenge adfærdsregler, studerer skrifterne og renser deres sind gennem seva og meditation.

Foruden brahmacharier og brahmacharinier er Amritapuri også hjem for hundredvis af familier fra Indien og udlandet, som har besluttet sig for at bo og opdrage deres børn her. Nogle af dem har arbejde uden for ashrammen. Andre af dem befinder sig i en situation, som gør det muligt for dem at dedikere sig fuld-stændigt til de forskellige sevaprojekter og institutioner, der er i ashrammen. Der er også mange pensionerede ægtepar, som bor i ashrammen. Så grihastasrami [husholdere] og vanaprastha asrami [de pensionerede eneboere] finder også et hjem i Amritapuri.

Endelig findes der sannyasier, tidligere brahmacharier, der med Ammas vejledning er blevet initieret til at leve et liv, hvor de helt og fuldt giver afkald og ikke længere følger selviske moti-ver, men er fuldstændigt dedikerede til uselvisk at tjene verden. Amma mener, at en sannyasi skal aflægge et løfte om at tjene verden med en uselvisk indstilling. Han skal forstå, at han ikke er kroppen, sindet eller intellektet, og derfor skal han etablere sig i atma [Selvet]. Da Amma talte for en forsamling af sannyasier i 2007[18], fremlagde hun sit syn på sannyasa. Hun forklarede: "En ægte sannyasi er én, som kan forblive tilfreds lige meget, hvilken handling han udfører. Atma samarpanam [overgivelse af Selvet] er hemmeligheden bag lykke. Det indebærer, at en sannyasi skal være i stand til at udføre handlinger uden at være knyttet til dem. Den form for ikke-tilknytning er kun mulig ved at overgive sig. Et hjerte fyldt af medfølelse, paratheden til at ofre sig selv, som et sådant hjerte ansporer til, og glæden, der opstår ved at ofre sin egen bekvemmelighed for andres skyld, gør sannyasiens handlinger unikke og enestående. Kun en ægte sannyasi kan anspore andre til en virkelig forandring." I virkeligheden er sannyasa, i det mindste som en psykisk tilstand, det ultimative mål med livet. Det er kun dette, som mennesker i alle andre asramaer [stadier i livet] stræber efter. Dette er menneskelivets kulmination.

Så det er tydeligt, at Ammas ashram kan rumme os alle, så længe vi besidder tilstrækkelig modenhed og lidenskabsløshed til at leve et enkelt liv, der er viet til spirituel udvikling. Når det er sagt, er det ikke nødvendigt, at alle Ammas hengivne flytter til ashrammen. Måske passer det ikke til den nuværende situation, som det enkelte menneske befinder sig i. Det er en personlig beslutning. Det er mere vigtigt, at vi gør vores egne hjem til en ashram, end at vi alle flytter til Amritapuri. Du kan leve dit liv og løfte dit ansvar for din familie, samtidig med at du renser dit sind og praktiserer Ammas lære. Du kan behandle alle medlemmer i din familie, som legemliggørelsen af det guddommelige og elske og tjene dem. Et sådant hjem er i sandhed en ashram! Som Amma siger: "En sand grhastasrami er én, som har gjort sit grham [hjem] til en ashram."

---

[18] Talen blev afholdt ved Sannyasi Sangha, der var en del af 75-årsfødselsdagen, Srì Narayana Guru Dharma Sangha Sivagiri Pilgrimage, der blev afholdt den 24. september 2007 ved Sivagiri Math, Varkkala, Tiruvanantapuram, Kerala.

Amma gentager gang på gang, at det er mere vigtigt at 'tune sig ind' end at være fysisk i nærheden af hende. Amma siger: "Hvor der findes kærlighed, findes der ingen afstand. Lotusblomsten kan være milevidt væk fra solen, men når solen skinner, åbner lotusblomsten alligevel sine blade. Omvendt gælder det også, at du kan sidde lige i nærheden af en radiostation, men hvis du har tunet din radio ind på den forkerte frekvens, så kan du ikke nyde programmerne. En myg finder kun blod i koens yver og aldrig mælk."

En af Ammas gaver til os er de tusindvis af Amma-satsang-grupper, der findes i hele verden. Både i ashrams og og i devotees hjem skabes mødesteder, hvor vi regelmæssigt kan tilbringe tid med andre devotees, synge bhajans, chante guddommelige navne og engagere os i forskellige former for uselvisk tjeneste. Det hjælper os til at vedligeholde inspirationen og entusiasmen hvad angår vores spirituelle praksis. Også i turbulente perioder med personlige vanskeligheder kan satsang-grupperne tjene som et støttenetværk. Men vi skal huske, at grupperne hjælper os til at orientere vores liv mod *sat* - Sandheden - og ikke det modsatte. De skal være steder, hvor vi kommer for at finde fred fra det verdslige liv – steder, hvor vi udvikler os spirituelt. Derfor skal vi lægge sladder, samtaler om verdslige ting og konkurrence til side, når vi mødes.

Endelig kan alle - og på det seneste virker det som om, at alle gør det - besøge Amritapuri. At tilbringe et par dage, uger eller måneder i Ammas ashram er en vidunderlig måde at få inspiration og styrke sit bånd til Amma. Kom og bliv nogle få uger eller måneder, mens dine spirituelle batterier bliver ladet op og tag så Amma og ashrammen med dig hjem.

☙

Kapitel 5

Renselse gennem karma yoga

Uselvisk tjeneste er sæben, der renser vores sind.

– Amma

En urenhed er et fremmedelement, som indlemmes i noget, der ellers i sin helhed stemmer overens. Hverken på det fysiske eller psykiske plan er det naturligt for mennesker at acceptere urenheder. Hvis vi på det fysiske niveau udvikler en bums, er det naturligt for os gang på gang at føre hånden hen til det område, hvor urenheden har samlet sig og forsøge at fjerne den. Psykiske urenheder består hovedsageligt af ønsker og begær — tilbøjeligheden til at være tiltrukket til og frastødt af ting. I den sande, oprindelige og jomfruelige tilstand er sindet som en klar og stille overflade på en sø — et helt gennemsigtigt slør, hvorigennem Selvets lyksalighed tydeligt kan erfares. Ønsker er som sten, der kastes i søen. Jo stærkere ønsket er — des større er stenen — og des mere bliver psyken forstyrret. Én måde at fjerne forstyrrelsen er ved at opfylde ønsket. Det er sådan, flertallet af mennesker lever deres liv, mens de hele tiden jagter de ting, de godt kan lide, og søger at flygte fra de ting, de ikke kan lide. De indser aldrig, at den egentlige psykologiske motivation, som ligger bag deres handlinger, helt enkelt er at opleve en fredfyldt tilstand.

Amma forklarer os, at det desværre er umuligt at fjerne et ønske fuldstændigt ved at opfylde det. Når vi forsøger at fjerne det urene i ønsket ved at opfylde det, bliver det kun midlertidigt dæmpet. Før eller senere kommer det tilbage igen med en endnu mere intens kraft, hvor det skaber endnu større psykisk forstyrrelse. Cyklussen er uden ende. Amma sammenligner fænomenet med, at man hele tiden kradser i et sår, der klør — man kan godt midlertidigt få en form for lindring, men det begynder hurtigt at klø igen, og næste gang er det endnu værre, fordi der er gået betændelse i såret. Man kan også sammenligne ønsket med en pengeafpresser, der hele tiden kræver flere penge af os. Hvis vi giver efter, kommer han tilbage dagen efter og kræver, at vi giver ham endnu flere penge. Hvis han første gang vil have 200 kr., så ønsker han 300 kr. dagen efter. I stedet for at give efter, skal vi jage ham væk. Det er samme princip, der gælder, når vi erkender, at det i sagens natur er forkert at søge vedvarende fred gennem opfyldelse af ønsker. Skrifterne anbefaler i stedet, at vi forsøger at opnå indre fred ved at transcendere ønskerne.

Den fuldstændige transcendens af ønsker og begær sker først, når vi opnår moksa [befrielse] — det er kulminationen på det spirituelle liv, hvor vi uden skyggen af tvivl oplever, at 'jeg er ikke kroppen, følelserne eller intellektet, men i stedet den altid lyksalige og evige bevidsthed, som er den inderste kerne i mit væsen'. Kun denne form for indsigt kan fuldstændigt fjerne ønsker og begær. Det er, fordi årsagen til ønskerne er uvidenhed om, hvem vi er. Når vi identificerer os med kroppen, frygter vi at komme til skade og dø. Når vi identificerer os med pranaen [energien] indeni vores krop, frygter vi sygdom. Når vi identificerer os med vores sind og med det, vi er tiltrukket til og frastødt af, bliver vi oprevede, når de ydre betingelser ikke lever op til det, vi ønsker os. Alt dette sker kun, fordi der er opstået forvirring om, hvem vi er. Kroppen, det emotionelle sind og intellektet er alle endegyldige og begrænsede størrelser. Hvis vi identificerer os med dem, er det kun naturligt, at vi også vil føle os endegyldige, begrænsede og ufuldkomne. Derfor forsøger vi at rette op på situationen. Hvordan bærer vi os ad med det? Vi kigger os omkring og får øje på bestemte ting, vi ikke har, og tænker: "Åh, hvis bare jeg havde *det!*" Sådan begynder den onde cyklus. Ingen form for ydre medicin kan behandle den indre skade, men den kan give midlertidig lettelse.

Selvom fuldstændig transcendens kun kan finde sted, når vi får den rigtige forståelse af vores sande natur, er denne erkendelse en meget subtil proces. Som sådan kan den ikke indfinde sig i et sind, der hele tiden er forstyrret af ønsker. Det lyder som om, vi aldrig kan vinde — som om helgener og vismænd fortæller os: "Du kan aldrig transcendere ønsker uden et fredfyldt sind." Og på spørgsmålet om, hvordan vi kan opnå et fredfyldt sind, svarer de os: "Du skal transcendere dine ønsker." Findes der noget håb for os? Det er her, *karma yoga* kommer ind i billedet. Gennem karma yoga kan vi i vid udstrækning overvinde tilbøjeligheden til at være tiltrukket til og frastødt af ting, og det vil gøre vores sind mere egnet til selvrealiseringens subtile proces. Det er det ultimative formål med karma yoga. Men som vi skal se, handler det positive udbytte af karma yoga ikke kun om, at det er en trædesten på vejen til selvrealisering: karma yoga har også sine egne umiddelbare fordele.

Karma yoga betyder 'handlingens yoga'. Det er en spirituel praksisform, hvor vi udfører vores handlinger for at realisere enheden med atma — Selvet. Men i Bhagavad-Gita refererer Krishna ofte til karma yoga som buddhi yoga — intellektets yoga. Det er fordi, det ikke drejer sig om en bestemt type handling, men om en bestemt psykisk indstilling til vores handlinger. Enhver handling — det være sig at gå en tur med hunden, at udføre en traditionel puja eller at designe en bro — er karma yoga, når den bliver udført med den rigtige indstilling. Omvendt er et meget komplekst vedisk ritual eller en uselvisk tjeneste kun en helt almindelig handling, hvis den ikke bliver udført med karma-yoga-indstillingen.

To medlemmer af et oppositionsparti gik ombord på et fly for at rejse en kort tur til hovedstaden. Den ene satte sig ved vinduet og den anden på sædet i midten. Lige inden flyet lettede, gik et medlem af regeringspartiet ombord og satte sig på sædet ud mod midtergangen. Efter flyet lettede, tog han skoene af og begyndte at vippe med tæerne og slappe af, da medlemmet af oppositionspartiet, som sad ved vinduet rejste sig og sagde: "Jeg tror lige, at jeg skal op og have en cola."

"Det er helt i orden," sagde medlemmet af regeringspartiet. "Som en tjeneste til landet, henter jeg colaen til dig." Så snart han havde rejst sig, skyndte medlemmet af oppositionspartiet sig hurtigt at samle mandens højre sko op og spytte ned i den.

Da medlemmet af regeringspartiet kom tilbage med colaen, sagde det andet medlem af oppositionen: "Mmm, den ser god ud, jeg tror også godt, at jeg vil have en." Endnu en gang rejste medlemmet af regeringspartiet sig velvilligt op og gik hen for at hente den, mens han tænkte på, at han tjente sit land. Så snart han var gået afsted, løftede medlemmet af oppositionspartiet den anden sko og spyttede ned i den. Da medlemmet af regeringspartiet var kommet tilbage justerede alle tre mænd deres sæder og lænede sig tilbage og nød den korte flyvetur.

Da flyveturen var forbi, tog medlemmet af regeringspartiet igen sine sko på, og opdagede med det samme, hvad der var sket. Med et strejf af sorg i stemmen, sagde han: "Hvor længe skal det her fortsætte? Denne kamp mellem vores partier? Dette had? Dette fjendskab? Denne spytten i sko og tissen i colaer?"

Af denne vittighed kan vi lære, at medmindre vi har det fulde indblik i situationen, vil vi have en meget begrænset forståelse af forskellige handlinger. På samme måde er det først, når vi kender den indre holdning, hvormed en handling er blevet udført, at vi ved, om der er tale om karma yoga eller ej.

Amma minder os altid om, at resultater afhænger af en bred vifte af faktorer, hvor vores egne handlinger kun er en af dem. En karma yogi accepterer dette vilkår, fokuserer på handlingen og accepterer resultatet af handlingen, uanset hvad det bliver og uden at miste sin indre ligevægt. Det er den holdning, Krishna råder Arjuna til at tilegne sig, da han siger:

karmaṇyevādhikāraste mā phaleṣu kadācana |

Prøv at gøre din pligt, men gør ikke krav på frugten af dine handlinger."

Bhagavad-Gita, 2.47

Når vi reflekterer nøje over det, erkender vi dette udsagns uovervindelige logik. At leve sådan handler ikke bare om at få et spirituelt perspektiv på tilværelsen, men om at det helt enkelt er 'det smarteste at gøre'.

Det gælder eksempelvis, når vi skal til jobsamtale. Vi kan forberede os på samtalen i ugevis og få en ven til at stille os de mest almindelige spørgsmål og hjælpe os med at tilpasse svarene. Vi har fuld kontrol over det jakkesæt, vi vælger at have på, og farven på slipset. Vi kan øve os på at smile, mens vi kigger ind i spejlet og træne os selv i at give et fast håndtryk. Vi kan købe et par sko til 2000 kr. og betale 700 kr. for at blive klippet. Når det gælder selve handlingen, kan vi planlægge, tænke og på bedst mulig måde regne tingene ud. Vi har mere eller mindre fuldkommen kontrol over det hele. Selv når spørgsmålene er blevet stillet, har vi stadigvæk kontrol over det, vi siger. Men så snart vi er begyndt at tale, mister vi kontrollen. Handlingen afhænger nu ikke længere af os. Den er i stedet underlagt loven om årsag og virkning, som dikteres af universets kraft. Den, der stiller os spørgsmålene, kan på grund af påvirkning fra ting, der er sket tidligere på dagen, være i enten godt eller dårligt humør. Måden, vi svarer på, kan stimulere positive såvel som negative hukommelsesspor. Alt kan ske. Det giver ikke mening, at vi bekymrer os om resultatet, når vi går ud af kontoret, for vi har ikke kontrol over det. Uanset hvor meget vi bekymrer os om, hvordan vores svar er blevet modtaget, vil det ikke ændre den opfattelse, som den, der stillede spørgsmålene, har fået af os.

Når vi indser, at vi kan kontrollere vores handlinger, men ikke resultaterne af dem, bliver det muligt at holde op med at bekymre sig om resultaterne og skifte fokus, så vi i stedet retter opmærksomheden mod at forbedre vores handlinger. Et menneske, der gør dette, er en karma yogi. Han lever sit liv på en relativt uanfægtet måde og er fredfyldt til stede i det nuværende øjeblik.

Karma yoga holdninger

Noget af det smukkeste ved karma yoga er, at den kan omsættes til praksis på forskellige subtile måder. Så længe essensen forbliver uforandret — 'Gør dit bedste og accepter resten' — kan vi forandre konceptet, så det passer til vores egen indstilling og væremåde. En meget udbredt måde at praktisere dette på er ved at lade gud eller guruen være mesteren og selv være tjeneren. Men man behøver ikke engang tro på gud for at kunne udføre karma yoga. Så længe man accepterer handlingens fundamentale lovmæssigheder — at man har kontrol over sine handlinger, men ikke over resultaterne — kan selv ateister udføre karma yoga. Som Amma siger: "Det er lige meget, om vi tror på gud eller ej, så længe vi tjener samfundet på en ordentlig måde." Så længe vores holdning fjerner fokus fra resultatet og flytter det hen til handlingen, opnår vi fordelene, der er forbundet med karma yoga. Inden for dette råderum har vi friheden til selv at vælge, hvad vi vil tro på.

87

Fra Ammas barndom ser vi, at hun anså alle de huslige pligter, hun blev pålagt, for at være noget, hun gjorde for Krishna[19]. På den måde udførte Amma alle sine pligter — at feje, vaske tøj, lave mad, passe køerne osv. — med dybfølt kærlighed, omsorg og hengivenhed. Jeg husker en gang for adskillige år siden, hvor Amma hjalp en ny brahmachari [studerende discipel] til at udvikle denne holdning. En dag fortalte brahmacharien under darshan Amma om alle de forskellige slags seva, som han lige for tiden udførte. Fordi Amma ikke selv helt specifikt havde instrueret ham i at gøre dem alle sammen, ville han være sikker på, at det også virkelig var de former for seva, som Amma ønskede, at han påtog sig.

Amma bekræftede det for ham og understregede pointen ved at sige: "Det er mig, der fortalte dig, at du skulle gøre alle de ting."

Efter den darshan blev han i stand til at se alle opgaver, som om de var kommet direkte fra Amma selv og derved opnå den rigtige indstilling til sit arbejde.

Bhagavad-Gita understreger karma-yoga-holdningen, hvor vi anser alle vores handlinger for at være yajna — en offergave til Gud, som udtryk for vores taknemmelighed for alt, hvad han har skænket os i vores liv. Hvis vi tænker over det, har Gud givet os så meget, og alligevel tager vi det normalt bare for givet.

Der var engang en mand, som hver lønningsdag gav 30 kr. til en bestemt tigger. Sådan gjorde han i mange år. Men en skønne dag begyndte manden kun at give tiggeren 20 kr. Efter et par måneder sagde tiggeren: "Hov, i mange år plejede du at give mig 30 kr. Nu er det pludselig bare 20 kr. Hvad er der sket?"

Manden svarede: "Jeg har fået et barn nu, ser du, og pengene er lidt knappe."

---

[19] Amma forklarer, at hun fra fødslen havde fuld indsigt i, at hendes sande natur var evig, lyksalig bevidsthed. Derfor var og er hendes motivation for at lave spirituel praksis — det være sig *karma yoga*, meditation eller kontemplation — kun at vise menneskeheden, hvordan man gør. Ikke at gavne sig selv.

Med det samme kom det fra tiggeren: "Hvad? Fortæller du mig, at du forsørger din søn med mine penge?" Vores kroppe, familier, hjem, sind, sanser og selv hele universet er alle sammen gaver, som Gud har velsignet os med. Ved at udføre vores handlinger som yajna, anerkender vi denne sandhed.

En hengiven delte følgende hændelse, som bidrager til at illustrere pointen. Han havde netop gennemgået et kirurgisk indgreb og tilbragt en uge på hospitalet. Da han blev udskrevet, kiggede han på regningen. En af udgifterne — godt 10.000 kr. — var til oxygen. Han fortalte mig: "Swamiji, jeg havde aldrig forstået, at luft var så dyrebart! Jeg har indåndet luft i 24 timer om dagen i løbet af de sidste 60 år, men Gud har stadig ikke sendt mig nogen regning!" Han sagde noget rigtigt. Vi har boet på denne jord hele vores liv, og alligevel har Gud aldrig sendt os en regning for husleje. I virkeligheden tilhører de fem elementer — rummet, vinden, ilden, vandet, jorden — Gud alene. Derfor anerkender vi den kendsgerning, når vi antager den anden form for karma-yoga-holdning, og vi udfører vores handlinger som var de små bidrag, der udtrykker vores taknemmelighed over alt det, Gud har givet os.

Traditionelt er en yajna en slags tilbedelse, hvor man ofrer forskellige offergaver til Herren —enten ved at ofre dem i ilden eller ved at stille dem ved en guddoms fødder eller ved foden af et gudebillede. Når en yajna er færdig, tager man en del af det, der ofres som prasad [indviet offergave]. Gennem denne holdning kommer vi til at se hver eneste af vores handlinger som en sådan yajna. Og som følge heraf, anser vi alle resultaterne af vores handlinger som prasad fra Gud. Amma siger, at i virkeligheden er sand tilbedelse af Gud ikke begrænset til at sidde i et puja-rum og ofre blomster til et billede i 20 minutter om dagen. Hele ens liv skal blive til tilbedelse. Tilbedelsen i puja-rummet er et symbol på, hvordan ens eget liv skal være. I pujaen findes alt i miniatureform.

Den altgennemtrængende, almægtige Herre reduceres til en lille gudefigur. Ofringen af enhver af vores handlinger symboliseres ved ofringen af blomster. Et helt livs tilbedelse er symboliseret ved, at vi i nogle få minutter handler med koncentration og hengivenhed. Som Amma siger: "Dit hjerte er det virkelige tempel. Det er her, du skal installere Gud. Gode tanker er blomsterne, du skal ofre til ham. Gode handlinger er tilbedelsen. Gode ord er hymnerne. Kærlighed er den guddommelige offergave." Når vi anser alt, hvad vi modtager i livet, som Guds prasad, er der intet rum for stress, frygt eller ophidselse osv. vedrørende resultaterne. Hvis vi er i stand til at se alt det, vi modtager i livet, som Guds prasad, bliver vi aldrig deprimerede over det, vi møder i livet. Vi finder fred ved at acceptere: "Det, jeg har modtaget, var en dyrebar gave fra Gud. Det, jeg modtager lige nu, er det ligeledes, og hvad jeg end vil modtage i fremtiden, er det også."

Den holdning, som passer godt til den intellektuelt orienterede spirituelt søgende, er ganske enkelt at forstå nødvendigheden af at transcendere det, man kan lide og ikke kan lide, mens man holder sig selvrealiseringens overordnede projekt for øje. Når den søgende har accepteret det fornuftige i denne logik, kan han helt enkelt rense sit sind for ønsker ved at skifte fokus fra resultaterne til handlingen.

En anden holdning, Amma ofte fremhæver, er, at man ikke anser sig selv for at være den, der udfører handlingen, men kun ser sig selv som et redskab, hvorigennem handlingen udføres. Angående dette siger Amma: "Når vi udfører handlinger, skal vi prøve at se os selv som redskaber i Guds hænder — som kuglepennen i forfatterens hånd eller penslen i malerens hånd. Vores bøn skal være: "Åh Herre, lad mig blive et mere og mere rent redskab i dine hænder." Et redskab har ikke selv nogen egne meninger eller ønsker. Det gør kun, hvad brugeren ønsker, det skal gøre. Hvis Gud er den, som bruger os, så vil vores eneste ønske være at leve et liv, der følger dharma — at udføre de handlinger, som Guruen og skrifterne foreskriver og undgå dem, der forbydes.

Uanset hvilken holdning, vi antager, vil vi, hvis vi er oprigtige, med det samme opnå en vis grad af mental ligevægt. Det er grunden til, at Krishna, mens han underviser Arjuna i karma yoga, siger: samatvaë yoga ucyate[20] — '[Karma] yoga er ligevægt.' På grund af sin indstilling til handlingen, vil karma yogiens sind ikke længere spæne afsted efter sanseobjekter eller flygte fra dem. Det sætter ham i en position, hvor han kan se livet med større klarhed — han bliver bedre i stand til at reflektere over, vurdere og rationelt analysere sine oplevelser i livet. Når dette sker, vil visse sandheder blive selvindlysende for ham. Disse sandheder strømmer ham naturligt i møde, hver gang han handler, hvor end han ser hen, og uanset hvor han er. Denne erfaring har en radikal og uomstødelig indflydelse på hans tænkning.

Tingenes natur

Så hvilke nøgne sandheder er der tale om? For det første vil vi indse, at alt, hvad vi opnår i denne verden, er blandet med smerte — mens vi opnår, vedligeholder og naturligvis mister det. For det andet vil vi erkende, at alle objekter har et potentiale for, at vi bliver afhængige af dem. Og endelig vil vi forstå, at intet objekt kan give ægte tilfredshed. Dette er de tre fejl, der knytter sig til at forsøge at finde glæde gennem ydre ting.

Uanset hvad vi ønsker at opnå, er vi i nogen grad nødt til at kæmpe for det. Des højere målet er, des vanskeligere er kampen. Hvis man for eksempel ønsker at blive valgt til at være leder af et land, er man blot for at blive godkendt som en kandidat, der kan komme i betragtning, nødt til at rejse, holde taler, være tålmodig og opføre sig ordentligt over for alle. I nogle lande er man måske

[20] Bhagavad-Gita, 2.48

nødt til at deltage i debatter, give håndtryk til mange folk og endog kysse små børn. Man er også nødt til at være forsigtig med hvert eneste af sine ord og handlinger, og hvis man begår den mindste fejl, vil pressen og andre kandidater stå på spring og forsøge at rive én i stumper og stykker. En mand, som er involveret i det politiske liv, fortalte mig for nylig, at mange kandidater er nødt til at tage piller, mens de holder valgkampagner, for at kunne klare det hårde tidsskema! Så der er helt klart kamp og smerte forbundet med at opnå ting. Hvis du så er heldig nok til at blive valgt, er du nødt til at være endnu skarpere: krige, økonomiske problemer, offentlig uro, budgettet... Alle dine beslutninger bliver analyseret og gransket, og oppositionen er hele tiden klar til at anklage dig. Hvis du ikke fik mavesår under valgkampen, får du det helt sikkert, når du skal kæmpe med at fastholde dit embede. Så vedligeholdelsen indebærer også noget smerte. Og endelig vil du, når det er tid til at forlade posten — trods alle kampene — føle dig deprimeret. Det behøver ikke at være en post som minister eller præsident. Mange gange har folk svært ved at sige farvel til deres arbejde, når de skal gå på pension. De savner den fornemmelse af formål, som de fik ved at arbejde. Så der er bestemt også smerte forbundet med at miste.

Det højere niveau af introspektion, som vi får ved at praktisere karma yoga, vil føre os til erkendelsen af den næste sandhed: Intet, vi opnår, kan nogensinde gøre os virkelig tilfreds. Er det ikke rigtigt, at så snart vi får en lønforhøjelse, begynder vi at tænke på den næste? En gang plejede vi at være tilfredse med båndafspillere. Så blev det CD-afspillere. Så kom turen til mp3. Så blev det iPod... iPod Touch... iPhone! Og når denne bog udkommer, vil der helt sikkert være kommet noget helt andet. Der er intet galt med teknologi og videnskabelige fremskridt. Det er ikke pointen. Pointen er, at vi altid tror, at tilfredsheden findes lige rundt om hjørnet — efter at vi har fået vores kaffe, lønforhøjelsen, konen, barnet, drømmehuset, pensionen... Men det er en illusion. Der findes ikke en ting, som kan give os evig tilfredsstillelse.

Jeg læste en gang en bog, der var skrevet af en mand, som for nylig havde overvundet en tvangsmæssig besættelse af biler. Han forklarede, hvordan han havde købt en bestemt bil og fået den malet og møjsommeligt håndpudset, indtil den skinnede. Så gentog han processen. Den så endnu flottere ud. Han gjorde det én gang til og bemærkede en tydelig forbedring. Så besluttede han sig for at give den et tredje lag... et fjerde... et femte... et sjette... Toogtredive lag maling senere erkendte manden omsider, at han var kommet ud på et skråplan. Der ville ikke være nogen ende på det. For hvert eneste lag maling, skinnede bilen flottere i solen. "Hvis 32 lag maling ser så flot ud, hvordan vil 132 lag så ikke se ud?" spurgte han sig selv. Han indså, at der var to muligheder: at vie sit liv til at jage efter det umulige eller at sælge bilen.

Den opmærksomhed, som man kan opnå gennem karma yoga, får os til at erkende det nytteløse i at søge tilfredshed ved at opnå materielle ting og præstationer. Nogle af os erkender det efter to lag maling, andre efter 27, og atter andre bliver ved med at lægge nye lag på, indtil de dør — kun for at fortsætte deres stræben i det næste liv.

Endelig hjælper karma yoga os til at se, at vi let kan ende med at blive afhængige af en hvilken som helst ting – det være sig kaffe, fjernsyn, internettet, mobiltelefonen eller pizza. Det er, som man siger: "Først havde jeg kontrol over den, men så fik den kontrol over mig".

En gang belærte en guru sin disciel om ejerskabets væsen. Han sagde: "Du tror måske, at du ejer et bestemt objekt eller en bestemt person. Men på samme tid ejer det objekt eller den person også dig." I nærheden var der en ko-hyrde, som holdt en kalv bundet i et reb. Guruen gik derhen og satte kalven fri. Kalven stak af med det samme. Den chokerede ko-hyrde løb afsted for at fange koen. Guruen sagde: "Se bare: Hvem er det, der er bundet til hvem? Koen var bundet med et reb til ko-hyrden, men ko-hyrden er bundet til koen af sin tilknytning?"

Selvfølgelig er stoffer og alkohol de mest åbenlyse eksempler på afhængighed. Når folk begynder at drikke, ender de uvægerligt med at miste evnen til at føle sig glade, når de ikke er påvirkede. Men det samme kan komme til at gælde i vores parforhold. Når et forhold er forbi, hvor ofte har vi da ikke hørt nogen sige: "Jeg kan bare ikke leve uden hende!"

Når først vi erkender de iboende fejl ved at søge at opnå fuldkommen glæde gennem tingene i verden, vil tingene naturligt begynde at miste deres glans og tiltrækningskraft. I Vedanta kaldes den indsigt for vairagya [lidenskabsløshed], og som vi var inde på i kapitel tre, er det en essentiel egenskab hos den, der ønsker at opnå Selv-realisering. Hvordan kan vi meditere, studere skrifterne og engagere os i at kontemplere, hvis vi er forgabte i verdens objekter? Uden lidenskabsløshed over for tingene i verden, begynder vi aldrig at søge efter den sande kilde til glæde. Først når vi er trætte af det forbigående, vil vi i sandhed begynde at søge efter det evige.

Den virkning, det har på personligheden, når vores viden om dette vågner, er smukt illustreret i en bhajan, Amma har skrevet, der hedder "Īśvarī Jagad-Īśvarī":

Jeg har set, at dette liv med verdslige glæder er fuld af lidelse.
Lad mig ikke lide ved at gøre mig til et møl,
der styrter i ilden
Det, der kan ses i dag, findes ikke i morgen
Åh, legemliggørelse af bevidsthed, dine guddommelige lege!
Ingen ødelæggelse kan ramme det, der virkelig eksisterer.
Det, der kan ødelægges, eksisterer ikke i virkeligheden.
Vis mig godhed og vis mig vejen til frigørelse, Åh evige ene!

Som spirituelt søgende skal vores vairagya være intens. For at understrege denne pointe forklarede en helgen ved navn Sant Jnanesvar i det 13. århundrede i sine kommentarer til Bhagavad-Gita, at vi skal udvikle den samme lidenskabsløshed over for sansemæssig nydelse, som vi ville have ved at bruge en pytonslange som pude, gå ind i en tigers hule eller springe ned i en gryde med smeltet jern. (Det her er faktisk blandt de mildeste af hans eksempler!) Tanken er, at man på dette stadie af sin spirituelle udvikling ikke kun skal se sansemæssige nydelser som værdiløse, men som dødeligt farlige.

Ifølge skrifterne opstår den ægte vairagya først, når vi formår at omsætte de erfaringer, vi har haft med sanseobjekters mangler og fejl, til at gælde alle sanseobjekter — selv dem, vi ikke har erfaret. Man burde ikke behøve at spise et helt bundt røde chili for at vide, at enhver chili er stærk!

En gang blev en prins kronet til konge. Efter at han var blevet kronet, udnævnte han straks sin livslange ven, som var meget intelligent, til at være minister. Kongens første instruks var, at han skulle udarbejde en optegnelse, der analyserede hele den kendte historie. Ministeren gik straks i gang med sit arbejde. Ti år senere vendte han tilbage med en serie bøger på 50 bind, som på en indgående og detaljeret måde kommenterede alle de begivenheder, som man siden menneskehedens oprindelse vidste havde fundet sted. På dette tidspunkt befandt kongen sig i sin lysthave, hvor de bedste musikere i landet sang serenader for ham og hans dronning. Han kastede et blik på de 50 bind, fortrak ansigtet og sagde: "Det er for langt. Kan du prøve at forkorte det?"

Ministeren indvilligede og tog afsked med kongen. Ti år senere vendte han tilbage, denne gang med 10 bind. Men kongen havde endnu en gang meget travlt, fordi en epidemi for nylig havde ramt landet, og han brugte al sin energi på at afhjælpe situationen. "Åh,

95

jeg har så travlt!" sagde han til ministeren. "Og det er stadig alt for langt. Kan du ikke afkorte det yderligere?"

Endnu en gang indvilligede ministeren og tog afsted. Fem år senere kom han igen tilbage. Denne gang havde han kun en enkelt bog med. "Her er den," sagde han. "Et bind, der indeholder den basale struktur i den menneskelige historie." Men der havde for nylig været en konflikt mellem to grupper af befolkningen, og kongen havde travlt med at undertrykke oprøret. Han så ned på den tykke bog og bagefter tilbage på sin ven og sagde: "Du må undskylde, men det er stadig for meget. Jeg har bare ikke tid. Kan du prøve at afkorte den yderligere? "

Et år senere var ministeren færdig med opgaven. På en eller anden måde var det lykkedes for ham at skære historien ned til et enkelt kapitel. Men da han nåede frem til paladset, så han kongen på vej i kamp, fordi en nabo-konge var begyndt at trænge ind på hans territorium. "Der er ikke tid til det," sagde kongen, mens han galopperede afsted. "Prøv at afkorte det yderligere!"

En uge senere havde ministeren banet sig vej til kongens hovedkvarter, som befandt sig nogle kilometer bag frontlinjen. Han fandt kongen døende i sengen, efter at han var blevet alvorligt såret. Ministeren kiggede ned på sin døende ven – som var blevet så skrøbelig og udmattet af at leve — og sagde: "Det lykkedes for mig, Herre. Jeg fik det skåret ned til en enkelt side."

Kongen kiggede op på sin ven og sagde: "Det gør mig så ondt min gode ven, men hvert øjeblik kan være sidste gang, jeg trækker vejret. Kan du ikke hurtigt, inden jeg dør, fortælle mig essensen af alt det, du har lært igennem dine mange års studier?"

Ministeren nikkede og indvilligede, mens han med tårer i øjnene sagde: "Mennesker lider."

Verdenshistorien bevidner denne sandhed. Ingen har nogensinde opnået noget uden at opleve smerten ved at kæmpe. Intet sanseobjekt har nogensinde givet nogen vedvarende tilfredshed.

Og ingen har nogensinde opnået tilfredshed ved en ting uden samtidig også at åbne sig for at udvikle en potentiel afhængighed af den. Nogle af os erkender hurtigt disse ting, mens det for andre tager flere liv. Mange mennesker tror, at de vil blive tilfredse af at studere, men det lykkes ikke for dem. Så forsøger de at blive tilfredse ved at gøre karriere, men det virker heller ikke. Så forsøger de at blive tilfredse ved at gifte sig, og det lykkes selvfølgelig heller ikke. Så er der mange, som bliver ved med at tænke, at det kun er, fordi de ikke har fundet den rigtige ægtefælle! Så forsøger de at gifte sig en anden gang… tredje gang… fjerde gang. Nogle gennemgår endda alle de forskellige nationaliteter i deres søgen – amerikansk ægtefælle, indisk ægtefælle, tysk ægtefælle, japansk ægtefælle… Helgener og vise mænd og kvinder fortæller os: "Du kan godt gifte dig, hvis du ønsker det, men du skal ikke søge tilfredshed i ægteskabet. Der findes intet i alle de tre verdener, som kan stille dig tilfreds! For at blive tilfreds, må du vende dig indad."

Som det kort er blevet nævnt i de tidligere kapitler, er det ikke gennem undertrykkelse, man overvinder tilbøjeligheden til at være tiltrukket til og frastødt af ting. Helgener og vise mænd og kvinder ved godt, at det aldrig virker at undertrykke ting. Det vil kun resultere i et sammenbrud på et senere tidspunkt. Vores transcendens må opstå gennem den rigtige form for forståelse — også kendt som sublimering.

En gang indrømmede en spirituelt søgende novice overfor sin guru, at han tænkte på kvinder. Hver gang han satte sig ned for at meditere, begyndte forskellige fotomodeller og filmstjerner at danse for hans indre øje. Han var virkelig ulykkelig over det. Guruen lyttede stilfærdigt til disciplens vanskeligheder, men han sagde ikke noget. Dagen efter kaldte guruen imidlertid på disciplen og gav ham en lille tynd ting, som var pakket ind i avispapir. Han bad disciplen om at tage den med tilbage på sit værelse, åbne den og stille den lige til venstre for det vigtigste gudebillede på sit alter. Så gik disciplen tilbage til sit værelse og gjorde, som guruen havde sagt. Men da han pakkede tingen ud, opdagede han, at det var et billede af en meget smuk og forførende kvinde! Han blev helt chokeret. Han skyndte sig tilbage til guruen og sagde: "Hvad er det her for noget? Her kommer jeg og åbner mit hjerte og betror dig et alvorligt problem, og så svarer du ved at drille mig og give mig det billede! Hvad handler det om?" Men guruen svarede ikke. Han lukkede simpelthen sine øjne og mediterede. Disciplen var irriteret, men efterhånden kølede han ned. Efter et stykke tid begyndte han at tænke: "Min guru er en oplyst mester. Han ville ikke føre mig på afveje. Måske er der noget i det her." Så stillede han billedet på sit alter ved siden af det vigtigste gudebillede, som han mediterede på.

Når disciplen nu hver dag satte sig for at meditere, stod der to 'guder' foran ham — den Uendelige Herre og hans filmstjerne. Han opdagede, at han mest hyppigt mediterede på kvinden. Han forestillede sig, at han rejste med hende, lavede sjov med hende, delte det, han havde på hjerte med hende, og at han blev gift med hende. Hver dag var et nyt eventyr, og han begyndte at glæde sig mere og mere til de daglige meditationer.

Men så en morgen, mens han og hans nye brud i hans sind gik sammen på stranden, blev hendes opmærksomhed pludselig tiltrukket af en fremmed mand! Inden længe var de to stukket af sammen, og hun havde efterladt den unge discipel helt alene. Han forsøgte at kontakte hende, men hun svarede ikke på hans opkald. Hans hjerte var knust, og han havde det forfærdeligt. Omsider kontaktede hun ham… for at begære skilsmisse! Han forestillede sig retssagen! Hun tog alt, hvad der tilhørte ham, med sig. Hun ribbede ham for alt. Til sidst var han dybt følelsesmæssigt rystet og alene.

Disciplen åbnede sine øjne og kom tilbage til virkeligheden. Da han gjorde det, kiggede de to billeder, der stod ved siden af hinanden på alteret, tilbage på ham. Da han så billederne stå der sammen, forstod han nu fuldkommenheden og uselviskheden i den guddommelige kærlighed og selviskheden i den verdslige kærlighed. Da han indså, at hans mester ved at give ham billedet ikke havde forsøgt at gøre grin med ham, men faktisk havde handlet fra det dybeste niveau af medfølelse, skyndte han sig hen til ham og lagde sig for hans fødder i tilbedelse.

Guruen ønskede ikke, at hans discipel skulle undertrykke sine tanker om kvinder. Han ønskede, at han skulle transcendere dem ved at forstå, hvordan den verdslige kærlighed er. Ved at få ham til at stille billederne ved siden af hinanden fik han hjulpet disciplen til større medfølelse og til sidst udfoldet hans evne til at slippe sin lidenskab.

Disciplen i denne historie var i virkeligheden af høj kaliber. Han var i stand til at give slip på tilknytningen alene ved at reflektere. Han havde ikke brug for at forfølge sin lyst i virkeligheden. Men mange befinder sig ikke på hans niveau. Når ønskerne dukker op, skal vi forsøge at negligere dem ved at bruge kraften i vores skelneevne. Men hvis de bliver ved med at plage os, er vi måske nødt til at tilfredsstille dem. Så længe de er i overensstemmelse med dharma, er der ikke noget galt i at gøre det. Men når man opfylder sine ønsker, skal man forsøge at være opmærksom og erkende tingens begrænsninger og derved opnå den mentale styrke til at transcendere ønsket. Når vores indsigt er blevet dybere, vil vores tiltrækning til verdens bekvemmeligheder og glæder naturligt høre op. Som Amma udtrykker det: "Du vil ikke bade i floden for evigt, men kun for at kunne komme frisk og ren op af den igen." I den forbindelse findes der et vers i Mundaka Upanisad, hvor der står:

parīkṣya lokān karma-citān
brāhmaṇo nirvedamāyāstyakṛtaḥ kṛtena |

Efter at have undersøgt og fundet alle mangler ved det, der
kan opnås gennem handling, vil det vise menneske erkende
den sandhed, at intet evigt kan opnås ved at handle, og
han vil afstå fra at handle²¹.

Mundaka 1.2.12

Således fortæller de vise, at vi skal afprøve verden, indtil vi når
frem til den indre klarhed. Vi skal træde ud i den og undersøge
dens glæder og bekvemmeligheder og se, hvad den kan tilbyde.
Du skal selv erfare det. Men når du først har opdaget, at det er
mangelfuldt at søge glæden i de ting, der findes i verden, skal du
forstå, at alt, hvad der findes derude, har samme fejl og mangler.
Der er ikke brug for at afprøve alt. Herefter skal du holde op med
at udføre handlinger for at opnå glæde og i stedet søge at realisere
Selvet – den sande kilde til al lyksalighed. Herefter vil vi stadig
udføre handlinger (vi har stadig brug for noget at spise, ikke
sandt?), men i sindet kapper vi forbindelsen mellem at handle og at
finde glæde. Så bevæger vi os fra selviske til uselviske handlinger.

Fordelene ved karma yoga

At frigøre sig fra ønsker om at opnå ting i verden og at få ilden til
at brænde i vores søgen efter Selvet er det primære mål med karma
yoga. Men som det blev nævnt tidligere i kapitlet, har karma yoga
også sine egne fordele. Selv for en såkaldt 'ikke-spirituel' person
er det er en fordelagtig indstilling at tilegne sig.

---

²¹ Her indikerer 'handling' selviske handlinger og ikke uselviske handlinger, der
udføres for at rense sindet som del af den spirituelle vej.

Den første fordel ved karma yoga er, at den faktisk hjælper os til at udføre vores handlinger på en bedre måde. Lad os vende tilbage til eksemplet med jobsamtalen, som vi indledte kapitlet med. En karma yogi vil gå til sin opgave med en mere fokuseret opmærksomhed, som ikke er delt, når han forstår, at han kun har kontrol over handlingerne og ikke over resultatet. Han vil være 100 procent fokuseret på handlingen — i dette tilfælde at lytte til, tænke over og besvare spørgsmålene. Selvsagt vil en person med udelt opmærksomhed klare sig bedre end en person, hvis opmærksomhed er splittet. Den, der ikke udøver karma yoga, vil bekymre sig om, hvordan hans svar på det første spørgsmål bliver fortolket af den, han taler med, og derfor vil han have svært ved at fokusere ordentligt på det næste spørgsmål.

Der er ikke noget sted, hvor dette princip har vundet større indpas end i sportsverdenen. I år 2000 skrev sportspsykologen H.A. Dorfman en bog med titlen The Mental ABC's of Pitching: A Handbook for Performance Enhancement (Mental træningens ABC i at kaste. Håndbog i at forbedre sine præstationer), som er blevet meget læst og anerkendt af professionelle baseballspillere. Dorfman skriver, at når man kaster, skal man kun tænke på tre ting: at vælge sit kast, placere det og fangerens handske, målet, man søger at ramme[22]. Hvis man opdager, at der er andre tanker, som går gennem hovedet, skal man standse et øjeblik og besinde sig, inden man fortsætter. Dorfman afrunder med at anbefale, at spilleren ikke skal vurdere sin præstation ud fra, hvor godt der blev slået til hans kast af modstanderne, men i stedet fokusere på, hvorvidt han kastede, som han ønskede.

Hvorfor fejler nogle idrætsudøvere i afgørende situationer? Fordi de fokuserer på muligheden for at tabe. De fleste af os husker situationer fra vores barndom, hvor noget på et helt afgørende

---

[22] Inden for cricket svarer det til, at man fokuserer på at udvælge bolden, linje og længden.

tidspunkt i kampen var helt op til os... og der gik panik i os, og vi fejlede. I basketball finder man et af de bedste eksempler. Hvis der bliver lavet straffekast i basketball, får en spiller i reglen muligheden for to skud. Et skud er ret enkelt at tage for en professionel basketball-spiller. Han får mulighed for at kaste to gange med fire en halv meters afstand og med ansigtet rettet mod kurven, uden at nogen forsvarer den. Gennemsnittet for den amerikanske NBA [Nationale Basketball Forening] er cirka 75 procent. Men hvad sker der i situationer, hvor der er meget pres på? For eksempel i de sidste to minutter af en kamp, hvor ingen af holdene fører med mere end tre points. Så føles presset langt stærkere. Hvorfor? Det er præcis samme skud, så der burde ikke være nogen forskel. Men hvis vi kommer til at fokusere på vigtigheden af kastet snarere end på at kaste, vil vores præstation lide under det. Ifølge statistikken falder gennemsnittet for NBA (fra 2003 – 2006) med 2.3 procent i den slags 'afgørende' situationer. Kort sagt præsterer vi bedre, når vi fokuserer på handlingen og ikke på resultatet.

Det indebærer ikke, at vi skal lade være med at have opmærksomhed på resultaterne. Når vi ser på resultaterne, skal vi vurdere dem på en rolig og logisk måde. Når vi har evalueret dem og erkendt, hvad der er gået godt og skidt osv., kan vi næste gang tilpasse vores handlinger endnu bedre til situationen.

En anden fordel ved karma yoga er, at det faktisk hjælper os til at nyde livet. Vi er mere eller mindre konstant i gang med at handle. Men de bedste resultater af disse handlinger kommer kun en gang imellem. Hvis vi fokuserer på handlingen, kan vi nyde selve handlingen – den fred og glæde, der opstår ved, at sindet smelter sammen med opgaven. At vaske op er et eksempel. Hvis vi udelukkende fokuserer på at få alle tallerkenerne rene og tørre og ordentligt sat tilbage på plads i skabene, vil vi kun opleve glæde, når den sidste tallerken er ren og tør og står på sin plads. Hvis vi derimod fokuserer på handlingerne, nyder vi arbejdet i hele den tid, det varer. Jeg er sikker på, at det er noget, vi alle sammen godt kender. Hvis vi fokuserer på at blive færdige, bliver arbejdet til en pligt. Hvis vi overgiver os til øjeblikket, bliver det en oplevelse, der er fuld af lykke – det være sig at vaske op, grave grøfter eller stryge tøj.

Her er det værd at bemærke, at selv når det handler om at kunne nyde de sanseobjekter, livet tilbyder os, bliver vi nødt til i det mindste at have en vis form for kontrol over vores begær og ønsker. Ellers vil vores opmærksomhed, mens vi forsøger at nyde det ene sanseobjekt, blive afledt af ønsket om et andet, og det vil i nogen grad ødelægge intensiteten i nydelsen. Forestil dig, at du er med til et bryllup. Alle dine yndlingsretter står foran dig på bordet: ris, sambar (en indisk linseret), dahl, forskellige slags lækre karrysaucer og pickles, bananchips, budding osv. Du begynder at spise og føres med det samme ind i sansetilfredsstillelsens himmel! Men pludselig opdager du, at du ikke har mere kikærtekarry. Du fortsætter med at spise, men nu er din opmærksomhed delt. En del bruges på at finde den tjener, som går rundt med den anden servering af kikærtekarryen. Du nyder stadig maden foran dig, men ikke så helhjertet, som hvis du havde været 100 procent fokuseret på den.

Da jeg i begyndelsen tilsluttede mig ashrammen, var vi kun en lille gruppe. Bortset fra de gange, hvor Amma gav darshan, havde vi hende mere eller mindre helt for os selv. Set i lyset af de tusindvis af mennesker, som i dag kommer til Ammas darshan, er det ret svært at forestille sig. Vi kunne sidde i timevis ved siden af Amma og snakke frit med hende uden at skulle tage hensyn til andres ønske om at gøre det samme. Jeg husker en gang ved Devi Bhava, hvor Amma bad mig om at komme hen til sig. Hun begyndte at tale med mig om forskellige ting, besvare mine spørgsmål og overøse mig med kærlighed. På et vist tidspunkt lagde hun mit hoved i sit skød, og tillod mig at ligge på den måde, mens hun fortsatte med at give darshan. Jeg tror, at jeg lå der i mere end en time! Kunne man set udefra forestille sig noget mere himmelsk? Der var dog ét problem: efter ca. 30 minutter, da en anden brahmachari begyndte at spille tabala [trommer], indså jeg, at det burde være min tur! Den gang nærede jeg virkelig en passion for at spille tabala. Jeg var lige begyndt at spille, og derfor var jeg meget entusiastisk. Mig og denne anden brahmachari plejede at skiftes. (Der kunne også være en anelse konkurrence mellem os.) Mens mit hoved hvilede i Ammas skød, tænkte jeg: "Sikken en arrogant fyr! Han ved, at det er min tur til at spille! Han skulle være kommet herhen for at have spurgt om tilladelse til at overtage min tur." Selvom mit hoved hvilede det mest fredfyldte sted i verden, varede det ikke længe, inden mit sind var fuldstændig optaget af denne anden brahmachari, og hvordan han spillede tabala! Mens jeg lyttede til, at han spillede, forestillede jeg mig, at lyden i virkeligheden kom fra mig, der spillede tabala — hårdt oven på hans hoved! Selvfølgelig vidste Amma, hvad jeg tænkte på. Så snart bhajan-sessionen var færdig, bad Amma mig om at rejse mig, så der var en anden, der kunne sidde sammen med hende. På grund af mit intense ønske om at spille tabala, gik jeg både glip af muligheden for at spille og for at nyde fuldt og helt at være i Ammas nærvær. Nu kan jeg med sikkerhed sige, at jeg ikke ville være misundelig, hvis nogen spillede tabala, men i dag er der ikke længere nogen mulighed for, at jeg kan lade mit hoved hvile i Ammas skød i en time!

Det er årsagen til, at Amma siger, at det virkelige helvede ikke findes på det fysiske plan, men at det er en indstilling i sindet. Det samme gælder himlen. Et sind, som virkelig er blevet renset for at være tiltrukket til og frastødt af ting, kan glæde sig overalt – det være sig i et fysisk helvede eller en fysisk himmel. På samme måde kan et sind med uopfyldte ønsker udgøre et helvede, selv om man på det fysiske plan befinder sig i en himmelsk situation.

I Gītaen findes der et berømt vers, som fremstiller endnu en af fordelene ved karma-yoga:

nehābhikramanāśo'sti pratyavāyo na vidyate |

I karma yoga går ingen indsats til spilde; ej heller er der nogen skadelig virkning.

Bhagavad-Gita, 2.40

Tanken er, at hvis vi fejler, når vi handler med en karma-yoga-holdning, vil der ikke være noget tab, fordi vi vil lære noget af vores fejltagelser og blive psykisk rensede. Men hvis vi begår en fejl, mens vi handler med et primært fokus på resultatet, så er tabet fuldstændigt. Forestil jer blot en forfatter, som bruger årevis på at skrive og redigere en bog blot for at opdage, at ingen er interesseret i at udgive den. Hvis hans eneste fokus var at blive en berømt bestseller-forfatter, har han oplevet et fuldstændigt tab. Han føler sig totalt frustreret, mens han ser alle de mange års indsats forsvinde i den blå luft. Og mens han er deprimeret over sin fiasko, lærer han end ikke noget. Men hvis han havde skrevet bogen med en karma-yoga holdning, ville han have lært meget om at skrive og udgive og om den menneskelige natur og sig selv i al almindelighed.

At udføre sit arbejde som karma yoga gavner ikke kun individet, men det gavner også samfundet som helhed. Fordi karma-yogien altid søger fuldkommenhed i sine handlinger, gør han altid sit bedste, mens han arbejder. Uheldigvis er den fremherskende indstilling på mange arbejdspladser i dag: "Gør mindst muligt og få mest muligt ud af det."

I den forbindelse var der en gang én, der fortalte mig om en række tricks, som kunne bruges, når man ønskede at se arbejdsom ud, selvom man i virkeligheden ikke lavede noget. Mine tre favoritter var: 1) Ryd aldrig op på dit skrivebord, fordi rod på skrivebordet giver indtryk af, at du ikke har et øjeblik at spilde på noget så betydningsløst som orden. 2) Hvis du bærer briller, skal du efterlade et gammelt par briller på dit skrivebord, så det ser ud som om, du straks kommer tilbage. Herefter går du hjem. 3) Køb en nakkepude i samme farve som din hud, så du kan sove i siddende stilling ved dit skrivebord.

De mennesker, som kun fokuserer på deres løn, forsøger konstant at hoppe over, hvor gærdet er lavest, sove i timen og dovne den af på alle måder. Hvis de er i stand til det, vil de komme for sent, forlænge deres frokostpauser og gå en halv time tidligere. Det er den adfærd, man almindeligvis kan observere, når man ser sig omkring på mange arbejdspladser.

Det var karma-yoga-indstillingen, som adskilte ashrammens tsunami-nødhjælpsarbejde fra regeringens indsats. Da alt kom til alt, var ashrammen den første organisation i Indien, som fuldførte byggeriet af tsunami-nødhjælpshuse, der blev bygget ud fra regeringens standarder. Jeg husker en dag, hvor Amma kommenterede på hastigheden, hvormed arbejdet blev udført af ashrammen: "Brahmacharierne arbejdede nat og dag," forklarede hun. "Amma plejede ofte at bede den brahmachari, som ledede projektet, om at komme og fortælle, hvordan det gik med arbejdet, og uanset hvornår Amma ringede til ham, var han på arbejde – ved midnatstid og kl. to og fire om natten. Ville det samme være tilfældet med betalt arbejdskraft? Nej, de ansatte arbejder kun otte timer om dagen, og de holder tre spisepauser og to andre pauser, hvor de drikker te."

Forestil jer, hvad der ville ske, hvis alle på planeten tilegnede sig karma-yoga-indstillingen med hensyn til deres arbejde. Forestil jer en verden, hvor folk ikke kun arbejdede for at få løn, men også fordi de anså alle deres handlinger for at være tilbedelse af Gud. Hvor ville verden blive produktiv og effektiv!

Selv hvis vi skulle se bort fra den kendsgerning, at karma yoga er et afgørende skridt på vejen til at transcendere al lidelse gennem Selv-realisering, så bør vi i hvert fald huske, at karma yoga også afholder os fra at lide i tiden, indtil vi bliver oplyste. For at forstå dette, er det nyttigt at kigge på et andet vers i Gitaen, hvor Krishna forklarer, hvorfor folk bliver ved med at gøre forkerte handlinger, selvom de har indset, at det ikke er godt.

kāma eṣa krodha eṣa rajoguṇa samudbhavaḥ |
mahā-śano mahā-pāpmā viddhyenam-iha-vairiṇam ||

Det er begær og vrede, som opstår fra indre uro; vid at det er umætteligt, roden til alle synder og den største fjende i denne verden.

Bhagavad-Gita, 3.37

Når ønsker er tilstrækkeligt intense, kan de presse os til at handle på selviske måder, endda på bekostning af vores medmenneskers glæde og harmoni. Ifølge loven om karma vender sådanne handlinger før eller siden tilbage til os i form af negative oplevelser. I virkeligheden er al den modgang og alle de smertefulde situationer, vi på nuværende tidspunkt går igennem, et resultat af nogle selviske handlinger fra fortiden – enten i dette eller tidligere liv. Hvorfor handlede vi på disse selviske måder? Fordi vi mistede kontrollen over vores begær og ønsker. Gennem karma yoga kan vi i det mindste holde styr på vores begær, mens vi opnår den form for kontrol, som sætter os i stand til altid at følge dharma. På den måde retter vi os selv ind på et spor, hvor vi fremover kun vil høste god karma.

Fra disse eksempler kan vi lære, at karma-yoga-holdningen ikke kun renser vores sind og gør det klar til Selv-realiseringsprocessen, men at den også her og nu kan gavne os meget: Den kan hjælpe os til at elske livet, lære af livet og give endnu mere tilbage til livet end nogensinde tidligere.

Selvom alle handlinger kan (og for den spirituelt søgendes vedkommende må) udføres med en karma-yoga-holdning, understreger Amma vigtigheden af at have denne indstilling, når vi laver seva — uselvisk tjeneste. Faktisk kan handlinger bredt grupperes i tre kategorier: nishkāma, sakāma og nishiddha — det er henholdsvis uselviske handlinger, handlinger, der affødes af vores personlige tilbøjeligheder til at være tiltrukket til og frastødt af bestemte ting, og handlinger som er forbudte, fordi de skader os selv, samfundet og naturen. Selvfølgelig skal vi afstå fra en handling, så snart vi finder ud af, at den er forbudt. Ellers vil vi helt sikkert med tiden blive ramt af dens negative resultater. Men en spirituelt søgende skal ikke kun afstå fra at udføre forbudte handlinger, han skal også gradvist forsøge at reducere de handlinger, der knytter sig til selviske præferencer og erstatte dem med uselviske handlinger.

For en novices vedkommende anbefaler Amma, at vi begynder med at bruge 30 minutter om dagen på at arbejde til gavn for andre. Uanset om det sker ved frivilligt arbejde eller ved helt enkelt at donere en del af vores løn til et velgørende formål, er det et skridt i den rigtige retning. Herfra kan vi gradvist, når det er muligt, forsøge at øge omfanget af uselvisk tjeneste. På den måde kan 30 minutter blive begyndelsen til en gradvis transformation. Mange mennesker opdager, at de gradvist bliver glade for et sådant arbejde, og at de, når de går på pension, ikke kun nyder frugten af et livslangt arbejdsliv, men også fortsætter med at arbejde frivilligt for at gavne andre mennesker. Vores selviske ønsker bliver gradvist erstattet med ønsket om at rense vores sind og hjælpe verden. Modsat selviske ønsker er sådanne ønsker vejen til befrielse. De er ikke en svaghed, den søgende skal overvinde, men egenskaber som skal prioriteres og udvikles. Det er den type ønsker, som hjælper os til at overvinde alle andre ønsker.

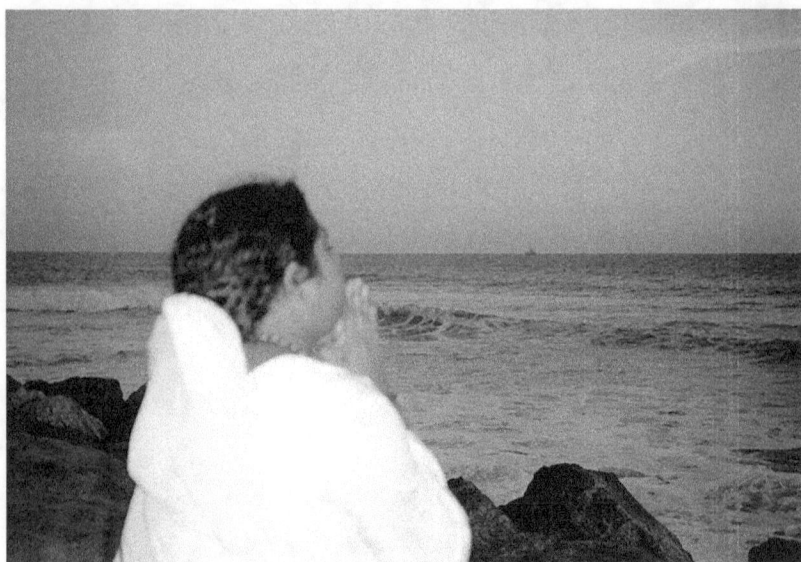

Kapitel 6

At udvide vores syn på tingene

Vi skal forsøge at se alle som Gud.

– Amma

Som en del af karma yoga fremhæver skrifterne fem former for tilbedelse, som alle bør udføre i løbet af livet. De kaldes for pañca mahā-yajñas — de fem store former for tilbedelse. Uanset om vi er bevidste om det eller ej, vil Amma lede os gennem de sociale og spirituelle aktiviteter i ashrammen på en måde, som er i overensstemmelse med disse gamle traditioner for udvidelse af sindet, som alle er ideelle, når det gælder om at praktisere karma yoga.

Den første yajna kaldes for Brahma Yajna (man refererer nogle gange til den som Sri Yajna). Den er et udtryk for taknemmelighed over for alle de gamle vismænd, som har vist os vejen til frigørelse fra lidelse. Det gøres ved at tilegne sig guruens og skrifternes lære og udbrede den. Amma siger: "En af de måder, man kan udtrykke sin taknemmelighed over for mahatmaer er ved at praktisere deres lære og give denne viden videre til andre." I virkeligheden ønsker mahatmaer som Amma ikke vores tilbedelse eller taknemmelighed. De har realiseret den fuldkomne fuldbyrdelse i Selvet, de er fuldkomne, som de er. Brahma Yajna gavner den tilbedende, samfundet og hele skabelsen. Den, der studerer skrifterne, lærer noget om livet og om, hvordan man lever livet i harmoni med sine medmennesker og naturen. Når vi herudover deler det, vi har lært, med andre, opfylder vi også deres fødselsret til en sådan viden. Hvis alle tillod deres spirituelle viden at uddø sammen med dem, ville der ikke findes noget håb for fremtidige generationer. Selvsagt er vi som Ammas børn alle regelmæssigt engageret i den form for yajna. Vi lytter til Ammas taler, læser hendes bøger og forsøger at praktisere hendes lære. Selvom man skal afvente guruens vejledning, før man kan holde offentlige taler, kan vi alle dele, hvordan Amma har hjulpet os i livet, med dem der spørger til det. Det kaldes Brahma Yajna.

Deva Yajna er tilbedelse af Gud. Når vi chanter vores mantraer, mediterer, synger bhajans, osv., hører det til denne yajna. Dog handler denne yajna i særdeleshed om at tilbede Gud i form af de fem elementer og naturens kræfter. Ifølge skrifterne er alle naturkræfterne og elementerne gennemtrængt af bevidsthed, og det siges, at bestemte devataer [halvguder] hersker over dem. Hele skabelsen anses for at være Guds fysiske krop, som skal respekteres og æres. Som Amma udtrykker det i en tale, hun holdt i Paris i 2007 med titlen *Medfølelse: Den eneste vej til fred*: "I gamle dage var der intet specielt behov for naturbeskyttelse, for beskyttelsen af naturen var en del af at tilbede Gud og selve livet. Folk plejede i højere grad at elske og tjene naturen og samfundet end at huske 'Gud'. De så Skaberen gennem skabelsen. De elskede, tilbad og beskyttede naturen som Guds synlige form." Når vi ser vinden, regnen, solen og jorden osv. som manifestationer af Gud, vil vi naturligt respektere og ære dem. Ingen, som virkelig ser floden som Varuna Deva [vandets gud], kan dumpe giftigt affald i den.

Under den puja, Amma leder inden Devi Bhava, har hun i mange år altid bedt os om at bede for fred i verden, idet hun har sagt, at Moder Natur er ophidset, og at kun den kølige brise fra Guds nåde kan fjerne de mørke skyer, der har samlet sig over os. Amma siger, at naturen er forstyrret af, at folk ikke lever i harmoni med verden omkring dem. Hvis vi kigger på alle de naturkatastrofer, der finder sted i vore dage, vil vi opdage, at de er det direkte resultat af menneskets udnyttelse af naturen. Amma pointerer, at Moder Natur reagerer og ødelægger menneskeheden med de selvsamme elementer, som skulle hjælpe os til at trives. Vindene, som skulle afkøle os og sprede frø og regn, viser sig i stedet som orkaner og tornadoer. Solen, som skulle give os varme, smelter isen ved polerne. Det vand, der skulle nære os, og som vi kunne bade i, trækker sig i stedet tilbage fra kilderne og slår ud efter os med tsunami-bølger. Selve den jord, som understøtter os alle, ryster under jordskælv.

Pitr Yajna handler om at huske og respektere ens afdøde forfærdre — uden hvem man ikke en gang kunne være blevet født. Men vi kan også anse denne yajna som en påmindelse om at respektere og ære alle levende ældre slægtninge og gamle. Når alt kommer til alt forklarer skrifterne os:

mātṛdevo bhava | pitṛdevo bhava |

Må moder være Gud for dig. Må fader være Gud for dig.

Taittirīya Upanishad, 1.11.2

Hvad nytter det at tilbede vores afdøde bedsteforældre, hvis vi samtidig verbalt angriber vores forældre, der endnu lever, og viser dem mangel på respekt? Amma siger: "At udtrykke taknemmelighed til vores forfædre for den kærlighed og omsorg, de gav os, er et eksempel, som vores børn kan følge. Når vores børn ser, at vi elsker og ærer vores forældre, vil de også elske og ære os."

Amma fortæller altid børnene, at før de går hjemmefra for at løbe et ærinde, skal de vise respekt over for deres forældre. I Indien vil det sige, at man bøjer sig og rører deres fødder, men i andre kulturer kan følelser udtrykkes på andre måder. Generelt skal børn vænne sig til at sige farvel til deres forældre, inden de går i skole osv. I Ammas skoler har de hvert år en dag, hvor alle mødre samles, så børnene kan lave pada-puja-ritualet — en ærbødig afvaskning af deres fødder. Vi må ikke undervurdere den psykiske betydning sådanne ritualer har for børn (og forældre), og hvor meget de hjælper dem til at se det guddommelige i hvert af skabelsens aspekter. Vi skal ultimativt set forsøge at leve ud fra forståelsen af, at hele skabelsen er legemliggørelsen af Gud. Hvilket bedre sted kan vi begynde end ved at ære vores forældre, som i det mindste på det relative plan er dem, der har skabt og understøtter os? Desværre er der i vore dage mange mennesker, som ikke følger denne lære. Så snart deres forældre bliver gamle, sender de dem på plejehjem — måske besøger de dem en gang om måneden i en times tid eller deromkring. Det synes at være langt fra den vediske anbefaling om at se dem som Gud.

Den fjerde yajna er Bhuta Yajna, som er at passe planter og dyr osv. og se dem som guddommelige. I den forstand er det værd at reflektere over, hvor afhængige vi i virkeligheden er af den flora og fauna, som vi deler denne jord med. Uden plante- og dyrelivet ville mennesket intet have at spise. Selv opretholdelsen af ilt er kun mulig gennem fotosyntesen i planteriget.

Amma taler ofte om den miljømæssige trussel, som planeten står overfor. I den sammenhæng forklarer hun, hvordan kemi i gødningen ødelægger biernes liv. Amma minder alle om følgende: "Bierne spiller en vital rolle i opretholdelsen af naturen og samfundet. De spreder pollen til de planter, som giver os frugt og korn. På tilsvarende vis gavner hver eneste levende skabning menneskeheden. Alle væsener på jorden afhænger af hinanden for at kunne overleve. Hvis flyets motor beskadiges, kan det ikke flyve. Men selv hvis blot en enkelt vital skrue bliver beskadiget, kan flyet heller ikke flyve. På samme måde spiller selv det mindste levende væsen en vigtig rolle. Alle levende skabninger har brug for vores hjælp for at kunne overleve. De er også vores ansvar."

Endelig er der Manushya Yajna, som nogle gange også kaldes Nru Yajna. Det er at ære og respektere sine medmennesker som legemliggørelsen af Gud. Traditionelt blev denne yajna udført ved at ofre mad og tøj til enhver uventet gæst, som kom forbi ens hjem, især dem der var på religiøse pilgrimsrejser og havde brug for et sted, hvor de kunne overnatte. I hele Indien finder vi stadig en åbenhed og hjertelighed over for gæster, som er uden sidestykke. Det er noget, som mange udlændige bemærker, når de besøger landet. Når det handler om Manushya Yajna er det værd at reflektere over, hvorledes vi står i gæld til andre mennesker for alt lige fra maden, som finder vej til vores bord, til elektriciteten, der oplyser vores hjem, og skoene, som vi har på fødderne.

Af alle fem yajnaer vil jeg sige, at Amma især understreger Manushya Yajna. Amma siger: "Det er Ammas ønske, at alle hendes børn skal vie deres liv til at sprede kærlighed og fred i verden. Virkelig kærlighed og hengivenhed til Gud er at have medfølelse med de fattige og lidende. Mine børn, giv mad til de sultne, hjælp de fattige, trøst de sørgende, giv omsorg til lidende og vær godgørende over for alle." På Ammas fødselsdag siger hun altid, at i stedet for at vaske hendes fødder, vil hun være mere glad for, at hendes børn hjælper de fattige. Og det er præcis, hvad der sker. Ashrammens børnehjem, hospitaler, hjem-til-hjemløse-projekter, nødhjælpsarbejde, hospice, stipendier til fattige... er alle forskellige former for Manushya Yajna.

Når vi udfører sådanne yajnaer, er det vigtigt at huske det, der gør dem forskellige fra blot at være til tjeneste. Det er indsigten i, at vi tilbeder Gud. Som Ramana Maharshi skrev i værket Upadesa Saram:

jagata īśadhī yukta-sevanam |
aṣṭa-mūrti-bhṛd-deva-pūjanam ||

At tjene verden med indstillingen at tjene Herren er (den sande) tilbedelse af Gud, som er herskeren over de otte-foldige former.

Upadesa Saram, 5

De 'otte-foldige former' er de fem elementer (æter, vind, ild, vand og jord), solen, månen og alle væsener. Således er det ikke kun sådan, at vi hjælper vores medmennesker og planter og dyr, fordi Gud ønsker, at vi gør det, men fordi vi forstår, at de er Gud. Det er betydningen af udsagnet: nara seva narayana seva —'At tjene mennesket er at tjene Gud.' På samme måde skal vi forstå, at floderne, dyrene og træerne også er Guds manifestationer[1]. Det er vores forældre også. Dette er vigtigt at forstå, fordi det er den holdning, der bidrager til, at vores handlinger ikke kun renser vores sind, men også udvider det. Det er den gradvise nedbrydning af de begrænsninger, vi skaber gennem vores ideer om, hvad verden og Gud er.

Her følger et eksempel på, hvordan det viser sig ved Bhuta Yajna — tilbedelse af Gud gennem beskyttelse af flora og fauna. I nogle af Ammas skoler har man startet en form for Bhuta Yajna, hvor lærerne får hvert enkelt barn til at plante et lille træ, give det et navn og tilbede det ved dagligt at vande det. Ud fra disse erfaringer har lærerne set noget meget smukt, der sker. De fortæller, at når det er tid til at holde ferie, er der mange af børnene, som går hen til deres planter og siger til dem: "Åh, i løbet af ferien kan jeg ikke være her for at vande dig. Men du skal ikke være ked af det. Jeg kommer tilbage om to måneder. Du skal ikke græde." Ingen har sagt til børnene, at de skal tale sådan til de nye træer;

---

[1] Ifølge Adi Shankaracaryas kommentarer til Visnu Sahasranama, påkalder selve ordet *narayana* sandheden. *Nara* betyder *atma* [Selv]; (ifølge sanskrit grammatik) betyder *nara* derfor 'virkningerne af atma'—dvs. de fem elementer, som universet består af. *Ayana* betyder 'opholdssted.' Derfor betyder narayana 'den, hvis hjemsted er de fem store elementer.'

de gør det helt af sig selv. Ved at navngive deres planter og vande dem hver dag, udvikler de helt spontant et forhold til dem. Nogle børn har endda skrevet breve og hængt dem på deres lille plante, hvor de har skrevet: "Når du er ked af det, skal du bare læse mit brev." Gennem hele deres fremtidige liv, vil disse børn nu have forståelsen af, at træer ikke er livløse ting, men er levende og har følelser. Børnene er begyndt at udvikle et større perspektiv på den verden, de lever i. Ultimativt set kan de lære at forstå, at hele universet vibrerer med guddommelighed — universet indeni og universet udenom. Når panca maha-yajnas udføres med den rigtige indstilling, kan de ultimativt set hjælpe os til at se vores eget Selv i andre og andre i vores Selv. Og i denne erkendelse findes den virkelige transcendens.

ℭℑ

Kapitel 7

Udviklingen af guddommelige egenskaber

Børn, Gud har givet os de nødvendige evner til at
udvikle os og blive som ham. Kærlighed, skønhed og
alle guddommelige egenskaber eksisterer indeni os.
Vi skal gøre brug af vores evner, så vi kan udtrykke
de guddommelige egenskaber i vores liv.

– Amma

Alle religioner understreger vigtigheden af at udvikle gode egenskaber - at være god over for andre, holde sig til sandheden, ikke stjæle osv. Kort sagt skal vi følge den gyldne regel: 'Du skal behandle andre på samme måde, som du ønsker, at de skal behandle dig.' I en eller anden form kan man genfinde denne regel i alle verdensreligionernes hellige skrifter, inklusive hinduismen, hvor man i Mahabharata under Brihaspatis oplæring af Yudhishthira, devataernes [halvgudernes] Guru siger:

na tat parasya saṁdadhyāt pratikūlaṁ yadātmanaḥ |
eṣa saṁkṣepato dharmaḥ kāmādanya pravartate ||

Gør aldrig noget mod en anden, som du ville anse for ska-
deligt mod dig selv. I kort form er dette reglen for dharma.
Enhver anden adfærd udspringer af selviske ønsker.

Mahabharata, 13.114.8

At udvikle og forfine personligheden tjener ikke kun til at skabe social harmoni, men det skaber også harmoni indeni den enkelte. I skrifterne gentages det i virkeligheden gang på gang, at den spirituelle aspirant ikke skal gøre sig noget håb om at opnå selvrealisering uden at udvikle sin personlighed:

nāvirato duścaritānnāśānto nāsamāhitaḥ |
nāśantamānaso vā'pi prajñānen-ainam-āpnuyāt ||

Den, som ikke afholder sig fra dårlig opførsel, hvis sanser ikke er under kontrol, hvis sind ikke er fuldkommen koncentreret, og hvis sind ikke er frigjort fra angst, kan ikke opnå Selvet gennem viden.

Katha Upanisad, 1.2.24

I skrifterne er der nævnt et tilsyneladende uendeligt antal egenskaber, man skal udvikle. Dette skyldes den omfattende udforskning af personligheden - og alle dens subtile facetter - som vismænd og helgener har foretaget. Det omfangsrige sanskrit-leksikon er et vidnesbyrd om, hvor præcise og grundige de store intellektuelle i det antikke Indien var. Hvor mange ord for 'sorg' findes der ikke, som alle afspejler subtile variationer inden for oplevelsen af sorg. Hvor detaljereret er ikke beskrivelsen af mange former for stolthed! Hvor mange former for kærlighed! De store intellektuelle fra denne tid inddelte endda det menneskelige smil i seks adskilte typer. Alene i kapitel 13 i Bhagavad-Gita, gennemgår Sri Krishna mere end 20 egenskaber, som en oprigtigt søgende skal udvikle.

I dette kapitel vil vi fokusere på nogle af de dyder, som Amma især fremhæver - nævneværdigt udviklingen af tålmodighed, uskyld, ydmyghed, opmærksomhed og medfølelse. Selvom disse og andre kvaliteter er universelle, ser vi, at forskellige skrifter og forskellige guruer hver især fremhæver bestemte egenskaber frem for andre. Måske skyldes dette fremherskende behov i samtiden eller psykologiske kendetegn ved deres hengivne og disciple. Uanset hvad årsagen kan være, siger Amma, at i begyndelsen er det nok kun at fokusere på at udvikle én god egenskab: "Vælg bare hvilken som helst egenskab og følg op på dit valg med den største grad af tro og optimisme. Så vil de andre egenskaber automatisk følge med."

For at illustrere denne pointe fortæller Amma historien om en kvinde, som vinder førstepræmien i en konkurrence og får en smuk krystallysekrone. Hun tager den med hjem og hænger den op i sin stue. Mens hun nyder dens skønhed, opdager hun pludselig, at malingen på stuevæggene er falmet og ser beskidt ud, og at det står i modsætning til den nye, skinnende lysekrone. Så beslutter hun sig for at give væggene et lag frisk maling. Da hun er blevet færdig, kigger hun sig omkring i stuen og opdager, at gardinerne er beskidte. Det inspirerer hende til at tage alle gardinerne ned og give dem en grundig vask. Så bemærker hun, at gulvtæppet er fuldstændig slidt ned, og hun fjerner det og erstatter det med et nyt. Til sidst ser hele stuen helt ny ud. Det, der begyndte med en enkelt lille forandring - den nye lysekrone - greb om sig og medførte til sidst en fuldstændig transformation af hele hjemmet.

Eller vi kan se Ammas pointe i lyset af, hvordan man kommer i god form. En mand indser f.eks., at han er i dårlig form og beslutter sig for at gå i gang med at træne. Han begynder at lave armbøjninger. Hver dag træner han sig på gulvet og laver så mange, som han kan. Efter en måneds tid føler han sig meget bedre tilpas, og når han ser sig i spejlet, er det helt tydeligt, at hans brystkasse og skuldre ser stærkere ud. Men til sammenligning ser biceps (arm-)musklerne små ud. Derfor anskaffer han sig nogle håndvægte og tilføjer nogle ekstra løft til sit træningsprogram. Herefter ønsker han også at træne sin mave og begynder at lave maveøvelser. Og så begynder han at lave knæøvelser for at opbygge sine ben. Et års tid senere kan vi ikke en gang genkende fyren. Han er blevet en Arnold Schwarzenegger! En sådan udvikling sker på grund af en udvidelse af bevidstheden. Når vi begynder at udvikle én god egenskab, er den psykologiske virkning, at vores negative egenskaber også bliver mere tydelige for os. Selvom vi på forhånd godt vidste, at de negative egenskaber var der, var vi lidt ligeglade, fordi vi ikke blev tvunget til at kigge på dem så ofte. Det var helt åbenlyst for andre mennesker - vores familie, venner og kolleger - men på grund af vores egen manglende bevidsthed stod det ikke klart for os selv.

I skrifterne kaldes de positive egenskaber for *daivi sampat* - guddommelige[2] egenskaber, mens negative egenskaber kaldes *asuri sampat* - dæmoniske egenskaber. Vi er hverken gode eller onde; vi er det grundlæggende lag af bevidsthed, hvorpå sådanne dualiteter manifesterer sig. Men eftersom sindet er materie, vil det manifestere den ene eller den anden type egenskaber. Hvor der ikke findes nogen dag, kan der kun være nat. Når dyderne er fraværende, vil man generelt kun kunne finde det modsatte. Hvis man f.eks. ikke udviser medfølelse, hvad kan man da være andet end apatisk? Hvis man ikke er ydmyg, må man være egoistisk. Hvis man ikke er tålmodig, må man være utålmodig. Vi har kontrol over, hvordan vores sind fungerer. Vi kan enten tillade det at forfalde til det dæmoniske, eller vi kan forfine det, så det stråler med gudernes pragt.

Denne antagelse er afspejlet i en af de gamle indiske legender, hvor vismanden Kasyapa havde to koner: Aditi og Diti. Aditi fødte *adityaer* [halvguder] og Diti fødte *daityaer* [dæmoner]. Denne lignelse symboliserer, hvorledes det enkelte menneske, alt afhængigt af sit sinds beskaffenhed, både er i stand til at gøre det gode og det onde.

[2] De er 'guddommelige', fordi udviklingen af dem hjælper os til at gøre fremskridt i realiseringen af vores guddommelige natur.

Blot fordi en egenskab - den være sig guddommelig eller
dæmonisk - ikke får mulighed for at udrykke sig, betyder det
ikke, at den ikke findes i den enkeltes psyke. Den ene del af
spektret findes i det ubevidste, og den vil manifestere sig, når
en passende lejlighed byder sig. En konge, som konstant bliver
opvartet, og hvis tjenere alle adlyder hans mindste ønske, har ikke
mange muligheder for at udvise enten tålmodighed eller utålmo-
dighed. Men hvis man lader ham vente på at få sin aftensmad, så
vil man se, hvad der dukker op til overfladen. På samme måde vil
en munk, der lever alene i en hule, heller ikke have lejlighed til at
udvise hverken medfølelse eller ligegyldighed, men alligevel er en
af de to egenskaber mest fremherskende i ham. En *Mahatma* vil
helt naturligt kun manifestere guddommelige egenskaber, for han
har transcenderet alle selviske tilbøjeligheder til at være tiltrukket
til og frastødt af ting, og han vil handle ud fra en forståelse af,
at alt er en forlængelse af hans eget Selv. Desuden vil han følge
reglerne for dharma for at statuere et eksempel, som andre kan
følge. Det almindelige menneskes handlinger vil afhænge af
styrken i tilknytningen til det, han er frastødt af og tiltrukket
til på den ene side og kraften i hans tilknytning til dharma på
den anden side. Det er ligesom at have to vægtskåle på vægten,
hvor den ene side er vores tilbøjeligheder til at være frastødt af
og tiltrukket til ting, og den anden side er vores tilknytning til
dharma. Hvis den første er den kraftigste, vil vi opføre os som
en djævel; hvis den sidste side er stærkest, vil vi opføre os som en
gud. Hvis man beslutter sig for at begynde at meditere i enrum,
uden at man først har overvundet sine tilbøjeligheder til at være
frastødt af og tiltrukket til ting, kan man forledes til at tro, at
man har transcenderet dem blot fordi, man ikke har været udsat
for stimuli, som kunne udløse ydre symptomer. Først når vi bli-
ver gjort opmærksom på vores dårlige egenskaber, kan vi gøre en
indsats for at omdanne dem til positive egenskaber.

Der var en, som fortalte mig, at man kan finde et fint eksempel på dette princip i den børnefilm, der hedder *Find Nemo*. I filmen er der en gruppe hajer, som har besluttet sig for at holde op med at spise fisk. De har endda dannet en støttegruppe, der hedder: 'Anonyme fiskespisere.' Under mødet minder de hele tiden hinanden om, at "fisk er venner – ikke mad!" Gruppens leder er en kæmpestor hvidhaj, som stolt fortæller, at det er tre uger siden, at han sidst har spist fisk. Det virker som om, at det hele går fint for hajerne, indtil en fisk, der svømmer forbi lige i nærheden, tilfældigvis får en mindre rift, så en lille dråbe blod langsomt begynder at flyde op mod hajlederen Bruces næse. I samme sekund han lugter blodet, bliver hans fiske-vasana [negative vane] vækket, og pludselig kan han ikke holde sig tilbage. Han bliver en veritabel galning og jager fisken rundt i hele havet i sit forsøg på at fortære den.

Med dette eksempel ønsker jeg ikke at sige, at vi skal holde os fuldstændig væk fra fristende sanseobjekter, for vi kan heller ikke skjule os fra dem for evigt. I begyndelsen af det spirituelle liv er det vigtigt at praktisere *dama* [kontrol over sanserne] og undgå at være i nærheden af fristende sanseobjekter. Men efterhånden skal vi udvikle os og blive stærke nok til at transcendere behovet for at isolere os. Som Amma siger: "Man skal beskytte en plante bag et hegn, indtil den har vokset sig stor. Bagefter er der ikke noget problem." En vasana kan først anses for virkelig at være fjernet, når vi står ansigt til ansigt med et sanseobjekt uden at føle skyggen af begær efter det.

Dæmoniske egenskaber manifesterer sig, når vi identificerer os med noget begrænset - f.eks. kroppen eller sindet. Guddommelige egenskaber viser sig, når vi identificerer os med noget ubegrænset – bevidsthed. Jo mere vi identificerer os med kroppen og sindet, des mere dæmoniske vil vi være af natur. Jo mere vi identificerer os med Selvet, des mere guddommelige. Selvets ultimative natur er hinsides dualiteter som godt og ondt, men for at erkende den virkelighed er vi først nødt til at rense vores sind ved at udvikle guddommelige egenskaber. På den måde bliver en retfærdig og god opførsel til en trædesten, der muliggør overgangen fra selviskhed til uselviskhed.

Lad os nu se nærmere på de guddommelige kvaliteter, som Amma fremhæver og undersøge nogle af de metoder, vi kan bruge til at udvikle dem. Husk dog, at bare fordi Amma understreger disse egenskaber, betyder det ikke, at hun anser andre guddommelige kvaliteter for at være uvigtige, og at vi skal ignorere dem.

Tålmodighed

Amma siger, at tålmodighed er en egenskab, der er nødvendig lige fra begyndelsen til slutningen af det spirituelle liv. "Et spirituelt liv er kun muligt for et menneske, der udviser stor tålmodighed," siger Amma. "Ellers vil resultatet blot være skuffelse." I vores moderne tid ønsker alle at høste frugten af deres handlinger med det samme og uden nogen form for udskydelse. I næsten alle reklamer indgår der ord, som betyder - 'hurtig'- kviklån, hurtige beskeder, hurtige kreditter, hurtige resultater... Folk taler endda om 'øjeblikkelig oplysning.' Amma siger, at behovet for hastighed er ved at blive en sygdom. Alt, der har værdi, tager tid at udvikle. Vi ser det endda, når det handler om de grøntsager, der bliver produceret i dag. Ved at opfinde nye teknologiske metoder til at dyrke grøntsagerne, har videnskabsmænd været i stand til at reducere tiden mellem såning og høst, men de grøntsager, som dyrkes på denne måde, indeholder mindre næring.

Jeg har hørt en vittighed. En mand beder til Gud: "Kære Gud, giv mig tålmodighed – lige med det samme." Desværre fungerer det ikke på den måde. På mange områder er spirituel udvikling som en blomst, der springer ud. Det er en gradvis proces, som

125

kræver omhu og tålmodighed. Man kan ikke forcere frøet til at åbne sig og spire. Man kan ikke forcere blomsterbladene til at folde sig ud. Men desværre er der mange mennesker, som i vor moderne tid kræver, at den spirituelle udvikling skal gå så hurtigt som muligt. Amma siger: "Det svarer til, at en mor siger til sin baby: 'Du skal blive voksen med det samme! Hvorfor skal du blive ved med at være barn så længe? Skynd dig! Jeg har ikke tid til at vente!' Hvad ville du sige til en sådan mor, udover at hun er ekstremt tåbelig eller afsporet? Folk forventer, at der skal ske et mirakel. De har ingen tålmodighed til at vente eller anstrenge sig. De forstår ikke, at det virkelige mirakel består i at åbne sit hjerte for den højeste sandhed. Men denne indre blomstring sker altid langsomt og roligt."

Hvis vi ikke er tålmodige, kan vi aldrig gøre os forhåbninger om at opnå fremskridt i det spirituelle liv. I årtier har vi ladet sindet få lov til at gøre, lige hvad det ønskede. Så forsøger vi pludselig at kontrollere det. Vi har levet med fokus på materielle mål, men nu forsøger vi at strække os ud over sådanne kortsigtede mål. Vi forsøger at erstatte negative tilbøjeligheder med positive værdier, had med kærlighed og ligegyldighed med medfølelse. De fleste af os har dybt rodfæstede vasanaer, som det kræver en dedikeret og oprigtig indstilling at fjerne. Før kulminationen i det spirituelle liv er vi nødt til fuldstændig at omvende vores vante måde at tænke om os selv, om verden omkring os og endda om Gud. Det er ikke noget, der sker fra den ene dag til den anden.

Uskyld

Med hensyn til de forskellige egenskaber taler Amma måske især om, hvor vigtigt det er, at vi udvikler uskyld. Ultimativt set fremhæver Amma 'uskyld' som den egentlige frugt af viden om Selvet - et stedse frisk og lyksaligt perspektiv på alt, hvad man erfarer. Men på et mere relativt niveau bruger Amma ordet uskyld om vigtigheden af at udvikle en nybegynders indstilling, som har mange lighedspunkter med barnets tro og modtagelighed. Uden disse egenskaber kan vi aldrig udvikle os og blive modne. Uden tro på vores guru og skrifterne, kan vi end ikke begynde på den spirituelle vej. Uden modtagelighed vil vi afvise alt det, der ikke passer ind i vores nuværende perspektiv. Og uden en nybegynders indstilling, vil vi hurtigt blive frustrerede og give op. Disse egenskaber hjælper os til at se livet gennem barnets øjne - og i det mindste opleve en vis grad af forbløffelse og glæde. Det vil berige vores eget liv såvel som andres.

"Hvis vi altid bevarer nybegynderens indstilling, vil hver eneste situation give os muligheden for at lære noget," siger Amma. "En nybegynder er altid uvidende, og han ved, at han ikke ved noget. Derfor lytter han opmærksomt. Han er åben og modtagelig. Når du først er overbevist om, at du på forhånd ved det hele, holder du op med at lytte: Du taler bare. Dit sind er allerede fyldt op."

At være en nybegynder betyder ikke, at vi ikke gør fremskridt, eller at vi hele tiden skal glemme det, vi har lært. Det er ensbetydende med at bevare en fuldstændig åbenhed, opmærksomhed og modtagelighed. Amma siger, at det er den eneste måde, vi virkelig kan indoptage viden og visdom på.

I sin uskyld er barnet hele tiden klar til at tilgive og glemme. I virkeligheden tænker han end ikke på 'tilgivelse'. Det sker automatisk. Men vi opfører os stik modsat. Vi bærer nag og føler os fornærmede i årevis - endda i flere liv. Amma siger, at nogle mennesker endda beder om at komme tilbage i et næste liv for at hævne sig på mennesker, som har krænket dem. På den anden side ser man børn blive vrede på hinanden det ene øjeblik og det næste øjeblik lege glade sammen igen. Amma siger, at det er den slags sind, vi skal udvikle - et sind, der er i stand til at tilgive og glemme.

I uskylden er vi åbne og modtagelige og fulde af tro. Hvis du fortæller et barn, at han er en konge med magiske kræfter, vil han acceptere det med det samme. I det spirituelle liv forklarer Guruen os mange slags ting om vores sande natur og den sande natur om verden omkring os - meget af det har vi svært ved at sluge. I sådanne situationer ville vi helt sikkert have gavn af at bevare kontakten til vores indre barn.

Den følgende lille hændelse, som fandt sted for mange år siden, illustrerer tydeligt denne pointe. En nat lå en af ashrammens beboere vågen på sin seng og tænkte på Amma. Pludselig fik han øje på en myg, som sigtede efter at lande på hans pande. Han troede, at det var Amma, som kom for at velsigne ham i form af en myg, og derfor tillod han den at stikke ham, og han var meget omhyggelig med ikke at fjerne eller forstyrre den, mens den sad og sugede hans blod ud. Myggen havde efterladt et stort sår der, hvor den havde bidt ham - præcis ved det 'tredje øje'. Dagen efter, da der var en, som fortalte Amma om hans 'darshan', kaldte hun på ham for at tjekke hans sår. Da hun så det, lo hun højlydt og holdt ham tæt og kærligt ind til sig. Amma ler stadigvæk, hver gang hun fortæller denne historie, men hun tilføjer altid: "Sådan en uskyld må aldrig gå tabt."

Vi ler måske også og tænker: 'Du gode Gud! Skulle Amma antage form som en myg? Hold nu op! Det er da for langt ude!' Men i skrifterne står der, at alle de fem elementer, som omfatter hele den fysiske verden, i virkeligheden har en guddommelig essens. En ægte vedantisk troende skal forstå denne sandhed og indse, at selv en myg har en guddommelig essens. (Det betyder dog ikke, at han ikke godt må jage den væk). Lidt af den slags uskyld ville ikke være så dårligt.

Ydmyghed

Udryddelsen af egoet finder sted på to niveauer. På det subtile niveau indebærer det ødelæggelsen af forestillingen om, at man har en adskilt individualitet. På det grove plan handler det om at fjerne følelsen af overlegenhed[3]. Hvis man har et stærkt ego på det grove plan, er det et sikkert tegn på, at man også har et stærkt subtilt ego. At fjerne egoet på det grove plan er målet med det spirituelle liv. Det sker kun ved, at vi tilegner os viden om, at vi ikke er kroppen, følelserne og intellektet, men at vi er bevidstheden, som i virkeligheden er altgennemtrængende og evig. For at opnå en forståelse af dette, må vi i nogen grad først fjerne vores ego på det grove plan. Det er grunden til, at Amma betoner vigtigheden af at udvikle ydmyghed. Uden ydmyghed kan vi aldrig bøje os for Guruen og acceptere, at vores forestillinger om virkeligheden er fejlagtige. Hvis der er for meget ego, er vi ikke en gang i stand til at tage fat i en kost og begynde at feje og udføre guru seva. Som Amma siger: "Der findes et kæmpe træ, som dvæler inde i frøet, men det er kun, hvis frøet bliver gravet ned i jorden, at træet vil spire frem. Hvis frøet på egoistisk vis tænker: "Hvorfor skal jeg bøje mig for den beskidte jord?" så kan dets virkelige natur ikke manifestere sig, og så bliver frøet måske i stedet føde for en rotte eller en spurv. På samme måde gælder det, at det kun er ved at opdyrke og udvikle ydmyghed, at det bliver muligt at realisere den Højeste Sandhed, som er vores sande natur."

Desværre bliver nogle spirituelt søgende ofre for deres stolthed. De identificerer sig fuldstændig med deres sind og deres intellektuelle forståelse af spiritualitet, og de udvikler subtile - og knap så subtile - følelser af overlegenhed. I Sadhana Pancakam, advarer Adi Shankaracarya helt specifikt de søgende mod denne faldgrube

---

[3] Det skal understreges, at følelser af mindreværd i lige så høj grad som følelser af overlegenhed udgør en spirituel barriere.

og siger: aharahargarvaa parityajyatam - 'Må du hele tiden give afkald på den arrogance, som kan følge med at opnå viden.'

Ydmyghed er et naturligt udtryk for spirituel forståelse. Når vi får en virkelig indsigt i, at verden og alle i verden er guddommelige, hvordan kan vi så blive ved med at føle os overlegne? Når vi indser, at vi uden de fem elementer hverken kan spise, drikke eller trække vejret, hvordan kan vi så føle andet end ydmyghed? Når stoltheden dukker op, skal vi ødelægge den ved at reflektere over dette: "Enhver viden, jeg har opnået, kommer udelukkende fra min guru. Hvilken ret har jeg da selv til den? Jeg kan ikke en gang påstå at have ansvaret for, at mit sind findes, og at det er i stand til at huske og tænke!"

Der var en gang en guru, som havde accepteret to brødre som sine disciple. En morgen kom den yngste bror hen til guruen og sagde: "Jeg ved, at du synes, at min storebror er en bedre discipel end jeg. Men hvad er det, som er så godt ved ham? Jeg kan gøre præcis det samme, som han kan!"

Guruen bad disciplen om at hente sin bror. Kort efter kom han tilbage med sin storebror. Guruen sagde: "Hver af jer skal gå ud og finde 10 mennesker, som er jer underlegne og foretage rituel afvaskning af deres fødder. Så skal vi se hvem af jer, der først vender tilbage."

Begge brødre bøjede sig for deres mester og gik straks i gang med opgaven. Knap en time efter vendte den yngste bror tilbage og sagde: "Så har jeg klaret det". Guruen smilede med medfølelse.

Først efter at tusmørket havde sænket sig, vendte den ældste bror tilbage. Han sagde ikke noget. Han lagde sig blot ærbødigt foran sin gurus fødder. "Nå, hvordan er det gået?" spurgte guruen.

"Jeg er ked af det, Guruji," sagde han. "Uanset hvor meget jeg anstrengte mig, kunne jeg ikke finde nogen, som var mindre værd end mig."

Guruen så på den yngste bror og sagde: "Det er hans ydmyghed, der gør ham bedre."

Opmærksomhed

Amma siger, at en spirituelt søgende skal udføre hver eneste handling med opmærksomhed. På den måde bliver alle hans handlinger til en form for meditation. Hvis vi virkelig tager alvorligt, at vi skal udvikle et koncentreret fokus, skal vi leve på en måde, som transformerer alle vores såkaldte 'verdslige' handlinger til måder at rense os mentalt. I en af Upanishaderne bliver den spirituelle vej endda sammenlignet med at "balancere på en knivsæg." Det er, fordi man er nødt til at træne sit sind, så det udvikler en barberknivs skarphed, men samtidig også bruge dette knivskarpe sind til at skelne mellem det virkelige og ikke-virkelige. Amma siger, at hvis vi ikke udvikler årvågenhed, når det gælder enkle handlinger, vil vi aldrig kunne gøre os håb om det, når det gælder vores tanker.

Jeg husker en sjov hændelse med en brahmachari, hvis seva var at læse korrektur på en af ashrammens udgivelser. Da den udkom, var der en forfærdelig fejl i et af Ammas citater. Det var meningen, at der skulle stå noget, som Amma ofte siger: "Vi mangler opmærksomhed og ikke boglig viden." Det, der i stedet var kommet til at stå i udgivelsen, var, at Amma havde sagt: "Det vi mangler, er ikke opmærksomhed, men boglig viden." Sikken en bommert af en sætning! Selve hans korrekturlæsning - eller mangel på samme - illustrerede Ammas pointe. Det var ikke, fordi han ikke kendte til Ammas lære. Han havde helt sikkert hørt Amma gentage denne sætning mange gange. Men han manglede den opmærksomhed, som kunne have fået ham til at opsnappe den fejl, at læresætningen stod skrevet forkert. Da bogen var blevet udgivet, og man opdagede fejlen, fik denne brahmachari lov til at hygge sig med at udprinte små papirstykker med den rigtige sætning på, som han så klistrede hen over den forkerte sætning. Det var helt sikkert en lærestreg, han aldrig vil glemme!

Medfølelse

Amma siger, at medfølelse er kærlighed, der udtrykkes som handlinger. Ægte kærlighed er følelsen, der udspringer af erfaringen af enhed. Når nogen, vi elsker, lider, føler vi deres smerte som vores egen og gør, hvad vi kan for at afhjælpe den. Det er i virkeligheden den bogstavelige betydning af det engelske ord medfølelse (compassion), som stammer fra det latinske ord com (sammen) + pati (at lide). Hvor vores kærlighed er begrænset - og kun er reserveret til få mennesker - indser en Mahatma som Amma sin enhed med hele skabelsen. Derfor er det naturligt for hende at åbne sine arme og tjene de fattige og lidende. Hendes handlinger er storsindede, fordi hun ser det store billede. Hendes medfølelse kender ingen grænser, fordi hendes forståelse af Selvet ikke har nogen grænser. Amma siger, at når vi ønsker at udvide oplevelsen af Selvet, skal vi i det mindste forsøge at åbne vores hjerter og føle andres smerte. Vi skal bruge tid på at tænke på dem og deres sorger. Desuden skal vi gøre uselvisk tjeneste, som kan forbedre deres livsvilkår. En mahatma ser det store billede, og det viser sig i hans handlinger. For os andre kan det være den omvendte vej rundt: Vi kan begyndte med at handle mere storsindet, og så vil vores sind gradvist også udvide sig.

Der er ingen tvivl om, at hele Ammas liv udgør en lære i medfølelse. Medfølende handlinger kan i sig selv fremelske medfølelse. Ved Amrta Niketan, Ammas børnehjem i Parippalli, Kollam District, Kerala findes der et smukt eksempel på det. De 500 forældreløse børn spiser sammen tre gange om dagen. Efter at hvert barn har fået sit måltid, chanter de kapitel 15 i Bhagavad-Gita, og så ofrer de to sammenrullede kugler ris[4]. Den første er til Amma; den anden ofrer de til alle de sultne børn i verden. Når disse børn lukker øjnene og beder for andre børn, ser du en stor oprigtighed i deres ansigter. De beder virkelig med hele hjertet. Ofte ser du tårer trille ned af kinderne på dem. Amma siger, at vi alle skal tage os tid til at reflektere over andres lidelse. Det vil åbne vores hjerter og manifestere sig i vores handlinger.

Metoder, der egner sig til at udvikle gode egenskaber

Det er let at lave en liste over en række gode egenskaber, som vi godt kunne tænke os at besidde. Men hvordan får vi disse egenskaber til at vokse, så de til fulde blomstrer frem i os? Den letteste metode er satsang - at tilbringe tid sammen med mennesker, der har disse egenskaber. Som vi allerede var inde på i kapitel to, vil vi hurtigere indoptage dharmisk adfærd, når vi omgås dharmiske [retfærdige] mennesker. Omvendt vil vi være tilbøjelige til at indoptage adharmiske adfærdsmønstre, des mere tid vi tilbringer sammen med mennesker, som er kendetegnet med adharmisk [dårlige og uretfærdige] egenskaber. Mange mennesker fra vesten, som bosætter sig i Amritapuri ender med at udvikle en anelse indisk accent, når de taler engelsk. Hvorfor? Fordi de omgås andre mennesker, der taler sådan. På samme måde gælder det, at hvis vi er i godt selskab, kan det kun gavne os, fordi vi tilegner os de gode egenskaber. Hvis vi vælger at befinde os i dårligt selskab, kan det meget let trække os nedad. Selvom vi har begrænset adgang til dharmiske mennesker, kan vi altid læse om dem i spirituelle biografier. Det er også satsang.

---

[4] De sammenrullede kugler med ris bliver spist ved slutningen af måltidet som *prasad* [velsignet ofring].

Noget andet, vi kan gøre, er at aflægge et løfte. Hvis tålmodighed virkelig udgør et problem for os, kan vi oprigtigt aflægge et løfte om ikke at miste tålmodigheden. Herefter skal vi forsøge at være ekstra opmærksomme, når vi havner i stressende, irriterende og frustrerende omstændigheder.

En beboer i ashrammen havde et problem med sin vrede. Ikke alene blev han ofte vred, men han var også tilbøjelig til at miste besindelsen, angribe andre verbalt og bruge meget sårende ord. Efter en af disse hændelser bad Amma ham om at begynde at skrive dagbog. Hver aften før han gik i seng, skulle han reflektere over dagen, der var gået, og nedfælde alle de gange, hvor han havde mistet besindelsen. Amma bad ham også om at skrive ned, hver gang han havde gjort nogen glad. På den måde, sagde hun, ville det være ligesom en forretningsdrivende, som hver aften kiggede på dagens omsætning og tænkte over sine indtægter og udgifter. Han opnåede gradvist en større opmærksomhed på sine handlinger. Det er flere år siden nu. Men det er helt sikkert, at i dag er denne beboer i ashrammen langt mere venlig, og han taler meget mere hensynsfuldt til andre, end han plejede at gøre - der er virkelig sket en forandring. Vi kan alle benytte os af denne metode og skrive dagbog. Vi kan blot udvælge én enkelt egenskab og gå i gang. Når vi skriver vores erfaringer ned hver aften, kan vi lade som om, det er skrevet direkte til Amma. Det vil styrke vores forbindelse til Amma.

Når vi aflægger et løfte, er det bedst, at vi er specifikke. Sæt fokus på en eller to negative egenskaber til at begynde med. Ellers kan vi blive overvældede. Det er bedre at give os selv konkrete mål. Når vi har opnået en større sikkerhed inden for disse områder, kan vi udvide målsætningerne.

Når vi vil udvikle en bestemt værdi eller god egenskab, skal vi både afsætte tid til at reflektere over, hvordan den gavner, og hvordan det modsatte fører til noget negativt. Jo mere klar en forbindelse, sindet har dannet mellem en bestemt værdi eller god egenskab og de positive konsekvenser heraf, des mere sandsynligt er det, at vores handlinger vil følge trop. På samme måde gælder det, at jo mere tydeligt, vi kan se ulempen ved en negativ egenskab, des mere villige er vi til at afholde os fra den.

Jeg husker, hvordan en kvinde en gang bad Amma om at hjælpe hende med at overvinde sin afhængighed af kaffe. Amma spurgte hende straks: "Hvorfor vil du holde op med at drikke kaffe?" Det havde kvinden ikke noget klart svar på. Det virkede til, at Ammas pointe var: Hvis du ikke ved, hvorfor du vil forandre dig, vil forandringen aldrig finde sted. Der er mange årsager til at holde op med at drikke kaffe - kaffe gør os nervøse, vi får hovedpine, når vi springer den over, kaffen bidrager til søvnløshed, helbredsproblemer, irritabilitet osv. Hvis vi skal overvinde en dårlig vane, skal vi forstå grunden til, at vi gør det. Hvis vi ikke tænker klart, kan vores handlinger heller ikke have nogen klarhed.

Som spirituelt søgende skal vi bruge tid på at reflektere over, hvordan udviklingen af den ønskede egenskab vil hjælpe os med at opnå selvrealisering. På den anden side skal vi også reflektere over, hvordan dens negative modstykke vil forhindre os i at opnå dette mål. Vi er nødt til at udvikle tankemønstre, som 'giver værdi til værdien'. Det vil kun ske, hvis vi bruger tid på at reflektere over vigtigheden af egenskaberne. Det er noget, vi kan gøre, mens vi mediterer i stilhed, men også på et hvilket som helst andet tidspunkt i løbet af dagen. Vi kan endda gøre det, når de negative tilbøjeligheder, som vi ønsker at overvinde, opstår. Men hvis vi *kun* gør det i de kritiske øjeblikke, kan det godt være, at vi ikke har den tilstrækkelige viljestyrke til at afstå fra dem. Som med alt andet i livet gælder det, at vi er nødt til at øve os på det.

ᘓᘔ

Kapitel otte

At skærpe sindet

*Uanset hvordan vi mediterer, om vi fokuserer på
hjertet eller området mellem øjenbrynene, er målet
det samme: koncentreret opmærksomhed.*

– Amma

Når de fleste mennesker tænker på spiritualitet, er den første ting, der går gennem hovedet på dem, at det handler om meditation. Desværre er meditation et af de mest misforståede aspekter ved spiritualiteten. Hvad er meditation helt præcist? Hvilket formål har det at meditere? Er det et mål eller et middel? Hvordan fungerer det? Tilsyneladende er det sådan en mystisk proces. Heldigvis har vi i Amma en levende mester, som kan give os den rigtige skræddersyede vejledning, som er baseret på hendes egne erfaringer.

Dybest set findes der to former for meditation - meditation på Gud med en form og meditation på atma - den inderste bevidsthed, som udgør kernen i vores eksistens. De kaldes for saguna meditation og nirguna meditation[5]. Ammas Ma-Om meditation, den Integrerede Amrita Meditationsteknik ® (IAM Teknik®), mental mantra japa og manasa puja [mental tilbedelse] er alle forskellige former for saguna meditation. Saguna indikerer, at objektet for vores meditation har konkrete egenskaber. I sådanne meditationer findes der en klar forskel mellem vores eget

---

[5] Saguna betyder 'med egenskaber'; nirguna betyder 'uden egenskaber.'

Selv - den mediterende - og objektet for meditationen. Eksempelvis mediterer vi i Ma-Om meditationen - den korte meditation, Amma guider alle igennem under sine programmer - på indåndinger og udåndinger, som hver især forbindes med stavelserne ma og om. I IAM Teknikken® får vi en fremadskridende serie af øvelser for kroppen, som vi koncentrerer os om. Når vi laver japa eller archana, fokuserer vi på ét eller flere mantraer. Når vi laver manasa puja, forsøger vi mentalt at forestille os formen på vores elskede guddom og tilbede den.

Ligesom *karma yoga* er rettet mod at forfine sindet ved at fjerne vores tilbøjelighed til at være tiltrukket til og frastødt af ting, er der også et særligt formål med saguna meditation. Det er primært at forbedre vores evne til at fastholde en koncentreret opmærksomhed. "Uanset hvilket område i kroppen, vi mediterer på, er målet koncentreret opmærksomhed," siger Amma. Det er i virkeligheden målet for størstedelen af de mentale former for spirituel praksis.

I tråd med dette findes der en historie i Bibelen[6]. Mens Jesus rejser gennem Galilæa, kommer han til et sted, hvor det siges, at en mand er blevet besat af dæmoniske kræfter. Han holdt til på gravsteder, hvor han råbende strejfede omkring og nærmest skræmte livet af alle, der boede i nærheden. Efter et stykke tid gik han hen til Jesus, og Jesus spurgte ham, hvad han hed. Og manden svarede: "Kald mig for 'Legionen', for vi er mange." Ifølge Bibelen mente manden hermed, at han ikke kun var blevet besat af én dæmon, men af mange dæmoner. Uanset hvad velsignede Jesus ham, og samlingen af dæmoner forsvandt. Nogle mennesker har set en symbolsk betydning i historien om denne uddrivelse. Legionen af dæmoner repræsenterer et sind, der ikke er integreret. Et sådant sind indeholder mange modstridende impulser og ideer. Det besidder hverken kraften til at fokusere eller til nogensinde

[6] Markus evangeliet, 5.1-20 and Lukas evangeliet 8.26-39

at være helt afslappet. Eksemplet med 'legionen' er ekstremt, men når vi ser dybere ind i os selv, vil vi finde ud af, at de fleste af os i nogen udstrækning er 'besat' på en tilsvarende måde. At møde Jesus indebærer at komme i kontakt med en Mahatma, hvis lære hjælper os til at opnå mental kontrol, fokus og ultimativt set indre fred.

Hvis man vil have succes inden for et hvilken som helst område, det være sig verdsligt eller spirituelt, er evnen til at koncentrere sig essentiel. Arbejder man inden for det finansielle område, må man være i stand til at fokusere på analysen af forandringerne på aktiemarkedet, spiller man baseball eller cricket, er man nødt til at kunne fokusere på bolden. En computerprogrammør må være i stand til at fokusere på koderne. På samme måde må en disciple være i stand til at fokusere på sin gurus lære gennem sit daglige liv. *Alt* kræver koncentration.

I skrifterne står der gentagne gange, at vi ikke er sindet. Sindet er snarere et redskab, som vi kan bruge til at indgå i samspil med verden omkring os. På den måde minder sindet meget om en computer. Enhver person med kendskab til computere ved godt, at det er nødvendigt at vedligeholde computeren regelmæssigt. Vi er nødt til at defragmentere harddisken, fjerne uønskede filer, opdatere det software, systemet benytter sig af, og måske endda forøge computerens RAM og hukommelse osv. Desuden er vi regelmæssigt nødt til at opdatere vores anti-virus software. Ved at have nogle faste rutiner for at ordne disse ting, sikrer vi, at computeren ikke bryder sammen. På samme måde holder regelmæssig meditation den mentale computer glad og sund.

Meditation kan også sammenlignes med motion og fysisk træning. Vi ved alle sammen godt, at hvis vi skal holde vores krop sund, så er vi nødt til at sørge for et minimum af fysiske øvelser. Det er noget, alle er nødt til at gøre. Men som spirituelt søgende befinder vi os i en anden situation. Vi er ikke kun optaget af, hvordan vi basalt set holder os sunde og raske: Vi ønsker at udvikle et sind, som er i stand til at erkende den ultimative sandhed - og frisætte os til at nyde Selvets lyksalighed.

Der findes et afsnit i Srimad Bhagavatam, som blev skrevet for flere tusind år siden, hvor vismanden Suka taler om den kommende tidsalder, og hvor materialistisk den vil blive. I dette afsnit kommer han med mange forudsigelser. Når vi gennemgår dem, er det chokerende at opdage, hvor mange af dem, som allerede har fundet sted - især når man tænker på, hvor from den tid var, hvor Bhagavatam blev skrevet. En af de ting, Suka forklarer, om vores tidsalder er:

snānam-eva prasādhanam |

Kun ved at gå i bad gør man sig klar til dagen.

Srimad Bhagavatam, 12.2.5

Betydningen af dette citat er, at i denne tidsalder er der kun meget få mennesker, som er optaget af indre renhed - de går kun op i det ydre. Ingen finder det vigtigt at rense og rengøre sindet. De fokuserer kun på kroppen.

Amma siger, at vores sind skal blive som et TVs fjernbetjening, som ligger sikkert i vores hånd. Det indebærer fuldkommen mental kontrol - evnen til i hvilken som helst situation at respondere på en fuldstændig passende måde. Hvis vi ønsker at tænke på noget, skal vi være i stand til at gøre det på en fokuseret måde - uanset om det er i fem minutter eller i fem timer. Hvis vi ønsker at huske noget, der er sket tidligere, skal vi være i stand til det. Og måske allervigtigst, så skal vi være i stand til - med et enkelt tryk på knappen - at koble fra og slappe af! Denne form for mental forfinelse er formålet med saguna meditation. Så vejen er tydelig: fra den relative sindssyge, der kendetegner 'legionen,' til sindet, der kan styres med fjernbetjeningen.

Saguna meditation kan ikke føre os direkte til Selv-realisering. Selv-realisering er præcis dette - en *realisering*, et permanent skift i vores forståelse. Det er den fast forankrede viden om, at vi ikke er kroppen, følelserne eller intellektet, men ren, lyksalig, evig bevidsthed. Det er noget, Amma fortæller os hver dag. Hun begynder endda hver eneste af sine offentlige taler med at sige: "Amma bøjer sig ned foran alle, hvis natur er guddommelig kærlighed og Selvet." Mange af os har nu hørt eller læst sådanne udtalelser om vores guddommelighed tusindvis af gange, men alligevel bliver vi ved med at være de samme gnavne, irriterede og frustrerede mennesker! Hvis denne viden virkelig sætter os fri, hvorfor oplever vi så stadigvæk psykisk smerte og lidelse? Amma giver os svaret på spørgsmålet. Hun siger: "Børn, hvad I mangler er ikke viden, men bevidsthed." Hvad mener Amma med bevidsthed? Hun mener evnen til aldrig - end ikke i de mest stressende, handlingsmættede og potentielt fatale omstændigheder - at glemme sandheden om, hvem vi er. Som det står i Bhagavad-Gita:

naiva kiṁcit-karomīti yukto manyeta tattvavit |
paśyañ-śṛṇvan-spṛśañ-jighrannaśnan-gacchan-svapañśvasan ||
pralapan-visṛjan-ghṛṇannunmiṣan-nimiṣannapi |
indriyāṇīndriyārtheṣu vartanta iti dhārayan ||

Den vise forbliver centreret i sig selv, mens han ser, hører, rører, lugter, spiser, går, sover, trækker vejret, taler, tømmer noget, holder om noget, åbner og lukker sine øjne, idet han ved: 'Sanserne bevæger sig mellem sanseobjekterne, og dog gør jeg slet ingenting.'

Bhagavad-Gita, 5.8-9

Det er den bevidsthed, Amma fortæller os, at vi skal udvikle. De fleste af os er intellektuelt i stand til at forstå Vedanta, men når kroppen udsættes for smerte, glemmer vi sandheden om, at

141

"Jeg er ikke kroppen." De fleste af os kan intellektuelt forstå, at vi ikke er vores følelser, men hvis nogen krænker os, glemmer vi denne sandhed og mister besindelsen. De fleste af os kan endda godt forstå, at essensen af, hvem vi er, er hinsides de intellektuelle ideer, som går ind og ud af hovedet på os, men hvor mange af os er i stand til at fastholde den opmærksomhed i løbet af dagen? Dybest set er problemet, at bevidsthedens kraft er svækket - vi er ikke i stand til at bevare vores fokus på denne lære, mens vi lever vores daglige liv.

Det er gennem vores forskellige mentale spirituelle praksisformer, at vi forfiner koncentrationsevnens kraft. Når den er udviklet på den rigtige måde, kan vi bruge denne kraft til at fastholde bevidstheden om vores sande natur i løbet af vores daglige liv. I sine kommentarer til Chandogya Upanisaden, definerer Adi Shankaracarya saguna meditation som "at skabe en vedvarende strøm af forandringer i sindet [dvs. i tankerne]. Denne strøm sættes i relation til et objekt, som præsenteres i skrifterne, uden at blive afbrudt af nogen fremmede idéer." Shankara afslører herefter, at Selv-realisering er en fortsættelse af sådanne forandringer i sindet - bevidstheden om, at ens sande natur er lyksalig, evig bevidsthed. Han siger, at den eneste forskel mellem denne forandring i sindet og andre forandringer er, at når vi konstant er opfyldt af tanker om vores sande natur, nedbryder dette enhver fornemmelse af adskilthed mellem os, verden, menneskene omkring os og Gud. Når denne adskilthed fjernes, forsvinder også de lidelser, der udspringer fra den, såsom vrede, depression, ensomhed, jalousi og frustration.

Denne tanke om at skærpe sindet gennem saguna meditation og herefter bruge det forfinede sind til at fokusere på læren i skrifterne er forklaret i Mundaka Upanisad[7] gennem en metafor, der omhandler en bue, en pil og et mål. Denne upanishade råder os

---

[7] Mundaka Upanisad, 2.2.3-4

essentielt set til at skærpe sindets pil gennem saguna meditation og herefter bruge den spirituelle visdoms mægtige bue, som er upanishaderne og få den til at smelte sammen med målet - den uforgængelige, altgennemtrængende, lyksalige bevidsthed.

På tilsvarende vis definererer Gitaen klart den rolle, saguna meditation spiller:

tatraikāgraṁ manaḥ kṛtvā yata-cittendriya-kriyaḥ |
upaviśyāsane yuñjyād-yogam-ātma-viśuddhaye ||

Han skal sidde på sit sæde og praktisere selvrensende yoga ved at begrænse tanker og sanser og gøre sindet fuldstændig fokuseret.

Bhagavad-Gīta, 6.12

Saguna meditation er en trædesten - at 'spidse pilen'. Præcis som karma yoga renser denne meditationsform vores sind. Selvom karma yoga og saguna meditation ikke fører direkte til Selv-realisering, ville det være forkert at sige, at de to praksisformer ikke er vigtige. De er *essentielle*. Uden dem vil vi aldrig være i stand til at opnå det mål, vi søger. Måske er det, vi især godt kan lide ved puja [tilbedelse] at spise prasad [den velsignede ofring], men hvis vi ikke gennemfører alle de forudgående trin - påkaldelsen, ofringerne, bønnerne, aratien osv.- så er denne prasad faktisk slet ikke prasad, men kun mad. På samme måde vil vi kun opnå frugten af viden, hvis vi har taget de forudgående skridt. Amma sammenligner ofte disse trin med at vaske en kande (sindet) før man hælder mælk i (visdom). "Hvis vi hælder mælk ned i en beskidt kande, vil det ødelægge mælken," siger Amma. "Vi er nødt til at rense kanden, før vi kan hælde mælken i den. De, der ønsker at udvikle sig spirituelt, skal først forsøge at rense sig. At rense sindet er at fjerne negative og unødvendige tanker og reducere selviskhed og ønsker."

143

Nogle mennesker siger, at de ikke er interesseret i at udføre saguna meditation. De siger, at de vil forfine evnen til at koncentrere sig ved at reflektere over deres sande natur. Men Shankara forklarer, at det i det mindste i begyndelsen af det spirituelle liv er bedre at styrke kraften i den fokuserede opmærksomhed gennem saguna meditationer. Årsagen er, at det er ekstremt subtilt at fokusere på noget, som ikke har navn og form, og det gør det langt mere vanskeligt. Medmindre sindet er blevet forfinet på den rigtige måde, vil forsøg på at meditere på den formløse virkelighed ofte føre til søvn eller døsighed. På den anden side er saguna meditation - at fokusere på Guds form eller navn, på vejrtrækningen eller bestemte steder i kroppen osv. - relativt let. Så længe vores evne til at fokusere opmærksomt endnu ikke er fuldkommen, kan vi bruge disse meditationsformer til at forbedre den. Som vi skal se i kapitel ni, er det meningen, at man *konstant* skal praktisere nirguna meditation [meditation på det formløse Selv], når man er parat til det - selv mens man går, taler, spiser, sidder osv. Med dette in mente er det meget relevant, at Amma ikke kun instruerer os i at afsætte tid til formel mantra japa (dvs. at sidde med lukkede øjne). Hun lærer os også, at vi skal søge at praktisere det "med hvert åndedrag." Det vil faktisk forberede vores sind på den konstante nirguna meditation, som er den ultimative form for spirituel praksis, der følger senere.

Shankara siger også, at når vores sind bliver mere og mere forfinet gennem saguna meditationer, vil vi efterhånden opnå "glimt af Selvets virkelighed." Sådanne glimt vil fylde os med inspiration til at forsætte vores praksis med større og større intensitet og entusiasme.

Yoga Sutraerne

Vismanden Patanjali er måske den største autoritet inden for saguna meditation. Det var Patanjali, der skrev Yoga Sutraerne, som trin-for-trin beskriver, hvordan man lykkes med at meditere. Det velkendte udtryk 'astanga yoga' [yogaen med otte trin] stammer fra disse sutraer [aforismer]. Ifølge Patanjali skal vi i vores meditationspraksis tage otte på hinanden følgende trin: yama, niyama, asana, pranayama, pratyahara, dharana, dhyana og endelig samadhi. Disse kan oversættes til at afstå fra bestemte handlinger, fremme bestemte handlinger, yogastillinger, kontrol af åndedrættet, indskrænke bundethed af sanserne, koncentrere al opmærksomheden på ét punkt, praktisere et vedvarende mentalt fokus og smelte sammen.

Yama

For at lykkes med vores meditationspraksis skal vi ifølge Patanjali først sikre os, at vi følger de fem yamaer og fem niyamaer - særlige ting vi gør og andre, vi ikke gør. Yamaerne - det, vi afstår fra at gøre - er ahimsa, satya, asteya, brahmacarya og aparigraha.

Ahimsa betyder 'ikke-voldelighed.' For at det skal lykkes for os at meditere, skal vi undgå vold. Det er en af de vigtigste regler at følge for alle mennesker. Med få undtagelser skal vi altid søge at undgå at skade nogen. Det er ikke kun vigtigt for at opretholde en harmonisk samfundsudvikling, men også for vores indre udvikling. Den ultimative sandhed, som alle vismænd fremhæver, er, at vi essentielt set alle er én. Hvis vi ønsker at realisere denne sandhed, skal vi begynde at behandle hinanden som én. Ville et normalt menneske nogen sinde bevidst forsøge at skade sig selv? Og hvis denne indsigt ikke er grund nok til at afholde sig fra vold, er der altid i henhold til karmaloven den kendsgerning, at vores voldelige handlinger vender tilbage til os selv.

145

Når vi forsøger at leve et ikke-voldeligt liv, skal vi gå til opgaven på tre niveauer - fysisk vold, verbal vold og mental vold. Hvis nogen afskærer os vejen i trafikken, og vi herefter forsøger at få ram på ham og kørt ham af vejen, er der tale om fysisk vold. De fleste af os er formentlig i stand til at afholde os fra at gøre sådan noget. (Men hvor mange af os slår hånden i rattet bagefter? Eller laver 'kærlige' håndbevægelser?) Det ville være verbal vold at råbe visse udvalgte ord ud gennem vinduet. Mental vold er den mest subtile form for vold og derfor den mest vanskelige at overvinde. Det er enhver ondsindet tanke - at forestille sig, at der enten er fysisk eller verbal vold rettet mod ham. Vi vælger ofte at tolerere vores mentale *himsa* [vold], fordi vi tror, at det ikke har nogen negativ virkning. Men hvis vi ikke får styr på den, vil den efterhånden manifestere sig på det verbale eller fysiske niveau. Som Amma sagde i sin tale ved Millennium World Peace topmødet på FNs generalforsamling i New York i 2000: "Vi skaber ikke fred i verden, hvis vi nøjes med at overføre verdens kernekraftvåben til et museum. Først er vi nødt til at udrydde sindets kernekraftvåben."

Den anden yama er satyam - at sige sandheden, eller ikke at lyve. Vi skal helt sikkert kun sige sandheden. Men inden vi taler sandt, skal vi overveje, hvem det vil hjælpe, og hvem det vil skade. Hvis det gavner flere mennesker, end det skader, kan vi tale. Hvis flere mennesker bliver skadet, er det bedre at forholde sig tavs. Som Amma siger: "Bare fordi et andet menneske ligner en abe, er der ingen grund til, at vi går hen og fortæller ham, at han gør det." Hvis ingen får nytte af det, er det sandsynligvis slet ikke værd at sige noget. Vi skal bare tie stille. Der er ingen grund til at tilføre noget til den støjforurening, som allerede plager planeten. Sandhed er den menneskelige natur. Når vi lyver, går vi imod vores sande natur. Som sådan introducerer vi en urenhed i vores system.

Den tredje yama er asteya - ikke at stjæle. Der er en smuk talemåde, som understreger, at den eneste synd er at stjæle. Når vi dræber, stjæler vi en andens ret til at leve. Når vi lyver, stjæler vi en andens ret til sandheden. Når vi snyder, stjæler vi en andens ret til retfærdighed. At stjæle finder sted hver gang, vi opnår noget på en ulovlig måde. At stjæle er et universelt tabu. Selv en tyv ved, at det er forkert, for ellers ville han være ligeglad, hvis en anden tyv kom og stjal noget fra ham. Den næste yama er brahmacarya. Brahmacarya anses typisk for at være cølibat, men fuldstændig cølibat er ikke påkrævet i alle dele af samfundet. Så her kan vi definere brahmacarya som at undgå enhver form for seksuel adfærd, der er upassende for vores rolle i samfundet. Det varierer fra kultur til kultur. Selvfølgelig har *brahmacharier* [studerende disciple] og *sannyasier* [munke] forbud mod enhver form for seksuel aktivitet. Der er ikke noget galt med, at man i ægteskabet viser hinanden fysisk hengivenhed, men det er meningen, at man kun viser denne hengivenhed over for ægtefællen. Faktisk siger Amma, at vi skal gifte os for at overvinde begær og ikke for at blive yderligere bundet af det.

Den sidste yama er aparigraha - ikke at samle ting. Det er helt i orden at eje ting, men vi skal ikke tillade ejerskabet at sprede sig ud over visse grænser. Generelt anbefaler Amma, at vi forsøger at klare os med mindst muligt, især når det gælder luksus. Amma beder ofte kvinder om at skære ned på hvor meget tøj, de køber hvert år, og hun beder mænd om at holde op med at ryge og drikke. Amma foreslår, at de penge, som de sparer på den måde, bliver doneret til velgørenhed.

Disse fem yamaer er basale menneskelige værdier, som skal følges af alle, og ikke kun af dem, der mediterer. Men hvis man ønsker at lykkes med at meditere, er de særligt vigtige. Hvis vi overskrider nogle af de første fire yamaer - ikke-voldelighed, at sige sandheden, ikke at stjæle og troskab - vil det typisk sætte et dybt spor i sindet, og det vil dukke op til overfladen igen, når vi forsøger at meditere. Her vil det udgøre en barriere for at opnå en fokuseret opmærksomhed. Det kan enten være, at vi oplever samvittighedsnag eller bliver forstyrret af et hukommelsesspor. Den sidste yama, aparigraha, forstyrrer sindet. Årsagen til dette er, at når vi puger ejendele sammen, er vores ønsker og begær i virkeligheden kommet ud af kontrol. Når vi forsøger at meditere, vil det enten vise sig som en frygt for at miste det, vi har erhvervet, eller som tanker om at få endnu flere ting.

Niyama

Herefter følger de fem niyamaer - de ting som dem, der praktiserer meditation, skal gøre. Det første er *saucam* - renlighed. Skrifterne anbefaler, at vi holder kroppen, tøjet og de fysiske omgivelser rene. Urenhed er ikke alene usundt for os og for andre, men det forstyrrer også sindet. Når der ikke er rent og ordentligt det sted, hvor vi arbejder, bliver vi hurtigere distraheret. Omvendt, jo mere orden der er, des mere naturligt fokuseret vil vores sind blive. De fleste mennesker er ikke i stand til at være organiserede, medmindre der først er skabt orden i det omgivende miljø. Derfor skal vi sikre os, at der er rent i vores omgivelser, før vi sætter os ned for at meditere.

Den anden niyama er *santosam* - tilfredshed. Amma siger, at tilfredshed er en mental indstilling. Vi kan ikke altid få verden omkring os til at passe ind til det, vi selv er tiltrukket til og frastødt af, men den indre verden skal vi kunne kontrollere. Hvis vi ønsker, at det skal lykkes for os at meditere, er det vitalt, at vi aflægger et løfte om at bevare glæden, uanset hvad der måtte ske i livet. Det betyder ikke, at vi ikke skal stræbe efter succes eller forandring. Vi skal stræbe efter at udmærke os inden for vores arbejdsområde og det felt, hvor vi har valgt at gøre en indsats, men vi skal ikke forbinde succes og fiasko på disse områder af livet med vores indre fred. Anstreng dig så meget du kan, men vær tilfreds, uanset om du oplever succes eller fiasko. Santosam går hånd-i-hånd med yama aparigraha. Når vi lærer at være tilfredse med en minimal grad af luksus i hverdagen, vil vi være i stand til at bruge de resterende resurser til gavn for samfundet. At udvikle tilfredshed er vigtigt, for hvis vi virkelig analyserer det menneskelige sind, vil vi se, (som vi gennemgik i kapitel fem), at ingen nogensinde kan opnå tilfredshed ved at eje ting. Uanset hvor meget vi får, vil vi altid ønske os noget mere. Så snart vi får en lønforhøjelse, begynder vi at tænke på den næste. Den, der er blevet valgt ind i kongressen, ønsker kort efter at blive senator, senatoren ønsker at blive præsident, og præsidenten vil gerne herske over verden. Når vi virkelig forstår denne sandhed, vil vi begynde at udvikle en glæde ved livet, som ikke er baseret på penge eller besiddelser. Et sind, som ikke i det mindste i nogen grad kan opleve tilfredshed, vil aldrig være i stand til at fokusere på at meditere.

Den tredje niyama er *tapas* - at give afkald. Det er kun ved at give afkald, at vi er i stand til at kontrollere sindet og sanserne. Hvis vi ikke sætter nogen grænser for os selv, bliver vi som et barn, der er sluppet løs i en slikbutik. Resultatet er rod og et sygt barn. På samme måde vil et menneske, som ikke kontrollerer sig selv, ende med at skade samfundet og sig selv. I Indien findes der et godt ordsprog: "Slip gederne løs, og de vil forvandle gårdspladsen til et værre svineri. Tøjr dem, og de vil rense området omkring sig og gøre det pænt." Kun ved at kunne afstå fra ting opnår vi en virkelig indre styrke. Det er betydningen af alle de forskellige løfter, som folk vælger at aflægge i det religiøse liv. Amma anbefaler, at vi udvælger én dag om ugen til at faste og være i stilhed. Når vi ved, at vi kan klare os uden mad og drikke, har det ikke længere kontrol over os. Under meditationen ønsker vi at være 100

149

procent fokuseret på en enkelt ting, som vi retter tankerne mod.
Hvis vi ikke i en vis udstrækning har opnået kontrol over vores
sind og sanser ved at holde os fra altid at give efter for vores ønsker,
bliver vi aldrig i stand til at fokusere, når vi prøver at meditere.
Den fjerde niyama er *svadhyaya*. Bogstaveligt talt betyder
svadhyaya 'studiet af Selvet.' At studere skrifterne og guruens
ord er ikke en ekstrovert aktivitet. Guruen og skrifterne er det
spejl, hvormed vi kigger indad og ser, hvem vi i virkeligheden er.
Amma siger, at en søgende, der ønsker at tage det spirituelle liv
seriøst, hver dag skal tilbringe noget tid med at studere skrifterne
og Guruens lære. Dette er faktisk den første belæring i Ādi Śan-
karācāryas Sādhana Pañcakam: *vedo nityam adhiyatam* - "Må du
dagligt studere skrifterne." Kun ved at studere dem, vil vi blive
i stand til at forstå livets mål, og hvordan vi opnår dette mål.
Desuden kan vi hverken meditere eller forstå meditationens rolle
på den spirituelle vej, medmindre vi først lærer disse ting fra den
rigtige kilde - det være sig Amma eller de traditionelle skrifter.
Den sidste ting, der er vigtig at gøre, er *isvara pranidhanam* - at
overgive sig til Gud. Det indebærer, at vi forestiller os alle handlinger
med den indstilling, at de er tilbedelse af Gud. Dybest set indebærer
det, at vi har karma-yoga holdningen til alt, hvad vi gør, fordi vi
i karma yoga overgiver vores handlinger til Herren og accepterer,
hvilke resultater der end kommer som *prasad*. Som nævnt i kapitel
fem er det gennem karma yoga holdningen, at vi bliver i stand til at
overvinde tilbøjeligheden til at være tiltrukket til og frastødt af ting.
Hvis vi ikke opnår kontrol over os selv, får vi aldrig tilstrækkelig fred
i sindet til, at vi kan være fokuserede, mens vi mediterer.

Asana

Næste trin i Patanjalis system er asana. Asana betyder 'stilling'
eller 'sæde.' Før vi begynder at meditere, skal vi sikre os, at vi er i

stand til at sidde ned i længere tid i en ordentlig stilling. Amma anbefaler os altid at sidde stille med rank ryg og med rygrad, hals og hoved i en ret linje ligesom Krishna råder Arjuna til at gøre det i sjette kapitel af Gitaen. Amma anbefaler også, at hagen er let løftet. Vi kan enten lade de foldede hænder hvile i skødet eller lade dem hvile på vores lår med håndfladerne vendt opad. Når vi sidder på denne måde, fjernes vægten af brystet fra lungerne, og det gør det ubesværet og let at trække vejret under meditationen. Hændernes stilling og den ranke ryg fremmer desuden, at *prana* [energien] kan strømme opad, hvilket er fremmende for meditation. Man kan sætte sig i enhver form for bekvem stilling - med benene i skrædderstilling eller i halv-lotus stilling eller i *padmasana* [fuld-lotus], hvis det er muligt. Der skal ikke være nogen anstrengelse. Så lad være med at forcere og indtage en stilling, som du ikke har let ved at komme ud af. Der er ingen grund til at sidde i en stilling, som får dig til at meditere på manglende komfort. Hvis det er nødvendigt, er det helt i orden at sidde på en stol, men du skal undgå at læne dig op ad ryglænet, da det let kan føre til, at du falder i søvn. I Gitaen siger Krishna, at den pude eller måtte, vi sidder på, hverken skal være for blød eller for hård. Det anbefales heller ikke, at vi sætter os direkte på gulvet eller jorden uden en eller anden form for måtte eller pude. Meditationsmestre forklarer, at ligesom elektriske kredsløb mister kraft gennem jordforbindelsen, vil energien i kroppen også blive svækket, når kroppen kommer i direkte kontakt med jorden.

Asana kan også referere til *hatha yoga* asanaer - som er det, man typisk tænker på, når man hører ordet 'yoga'. En regelmæssig praksis af hatha yoga er en udmærket måde til at styrke og vedligeholde sit helbred og sin vitalitet. Men vi skal sikre os, at vi lærer det af en rigtig hatha yoga mester, fordi de forskellige stræk er ret subtile, og hvis vi udfører dem på en forkert måde, kan det få utilsigtede negative konsekvenser. Vi skal også hæfte os ved, at hatha yoga inden for

Patanjalis ashtanga system ikke er et mål i sig selv. Yogaøvelserne bliver snarere udført som en *forberedelse* til at sætte sig og meditere - løsne op og afspænde kroppen, så den kan sidde ordentligt i den tid, meditationen varer. Det kan stimulere og fremme strømmen af prana og bidrage til gradvist at vende sindet indad. Det er målet med alle de asanaer, som indgår i Ammas IAM Technique®.

Pranayama

Efter asanaen er det næste skridt pranayama, som betyder 'kontrol over åndedrættet'. Ligesom hatha yoga, har pranayama en ekstremt subtil virkning, som kan være skadelig, hvis den ikke bliver gjort på den rigtige måde under en mesters direkte vejledning. I vore dage findes der mange enkeltpersoner og institutioner, som udbyder undervisning i meget subtile pranayama-teknikker til hvem som helst, der er villig til at betale, hvad det koster. Amma finder dette meget farligt og advarer folk om problemet. En enkelt form for pranayama kan næsten alle praktisere[8], men en dybtgående og udviklet pranayama bliver traditionelt anbefalet i individuel undervisning og skal ikke læres på kurser for alle, i og med at det er nødvendigt at tage hensyn til den enkeltes fysiske kapacitet, vitalitet og evne til at bevare kontrollen. Amma ønsker især, at vi er særligt varsomme med at holde vejret efter enten indåndingen eller udåndingen. Amma siger: "Når en guru i gamle dage skulle initiere nogen til pranayama, bad han ham om at gå hen og tage en af de tynde brune tråde, der omgiver kokosnøddens skal eller måske et græsstrå eller en sytråd. Guruen holdt den under disciplens næse og observerede forskellige aspekter af hans vejrtrækning på den - såsom styrken, varigheden, længden og beskaffenheden af strømmen i hvert næsebor. Først herefter

---

[8] Mennesker med hjertelidelser, højt blodtryk, astma eller gravide kvinder skal konsultere egen læge.

anbefalede han den stil og varighed og det antal gentagelser, der passede til den enkelte."

I de meditationsteknikker, Amma underviser i, råder Amma os ikke til at lave udvidet pranayama. Bortset fra en meget kort og forceret pranayama i begyndelsen af IAM Technique®, anbefaler Amma hovedsageligt *prana vikrana* - at trække vejret normalt og opmærksomt. Dette er i virkeligheden kernebestanddelen i Ma-Om-teknikken. Vejrtrækningen skal være rolig og regelmæssig. I Ma-Om-teknikken får Amma os til knytte vores indåndinger til indre chanting af *bijakrara* [seed syllable/rodstavelsen] *ma* og vores udåndinger til den indre chanting af *om*. Denne form for pranayama er kendt som *sagarbha pranayama* - bogstaveligt talt betyder det pranayama, der er 'imprægneret' med et mantra. Når man tager i betragtning, at de meditationsteknikker, Amma underviser i, kom intuitivt til hende, er det forbløffende, at de stemmer fuldkommen overens med de anbefalede praksisformer i de forskellige traditionelle skrifter. Den slags ting understreger, at sadguruen er et levende skrift.

I Patanjalis system er pranayama - præcis som asana - ikke målet i sig selv, men et skridt, der er rettet mod langsomt at vende sindet mere og mere indad. Når man laver hatha yoga, fokuseres sindet på den ydre krop. I pranayama bliver vores fokus mere subtilt - selve livskraften *indeni* kroppen. På denne måde ser vi, at Patanjali systematisk og trin for trin får os til at bevæge os indad og gøre vores praksis mere subtil og dermed mere virkningsfuld.

Pratyahara

Det næste skridt er pratyahara - at beherske sanserne. Dette er helt enkelt sund fornuft - vi kan ikke begynde at fokusere på noget indre, hvis vi stadig har kontakt til den ydre verden gennem øjne, ører, næse, tunge og hud. Øjnene kan vi lukke. Og det er også meget sandsynligt, at vi kan afholde os fra at spise noget, mens vi laver vores praksis. Men hvis vi bliver forstyrret gennem berøring, dufte eller lyde, er det svært for os at meditere. Derfor anbefales det i skrifterne, at man mediterer i relativ ensomhed eller tidligt om morgenen, når alle andre sover. Det sted, man mediterer, skal være rent. Beskidte steder lugter ofte dårligt, måske er der endda myg - en vedholdende modstander når man mediterer. På den måde kan vi dæmpe sansernes naturlige udadvendthed og sætte sindet fri til at fokusere på det meditationsobjekt, vi har valgt. Men Amma siger dog, at vi skal udvikle evnen til at meditere i alle slags omgivelser. Da jeg i begyndelsen kom til ashrammen, plejede landsbyboerne at efterlade bunker af kokosnøddeavner i de omgivende vandområder. Saltvandet er med til at få avnerne til at opløse sig, hvilket gør det lettere at lave dem til trevler, som man så væver til kokosnøddefiber-reb. Men lad mig fortælle dig, at der er få ting, der stinker værre end en bunke af kokosnødde-avner. Og lyden af kvinderne, der bankede på avnerne, var også et angreb på sanserne. Alligevel fik Amma os til at sidde lige i nærheden og meditere i et par timer i træk. Efter Ammas mening skal man ikke udsætte sin meditation, fordi man mangler stilhed eller et 'passende sted'. Når den tid, vi har afsat til at meditere, indfinder sig, skal vi kunne vende sindet indad og fokusere opmærksomt, uanset hvor vi befinder os henne. Ved at bede os om at meditere i nærheden af de rådnende avner, hjalp Amma os til at udvikle denne evne.

Dharana

Det næste skridt er dharana - indre fokus. Her er det ganske enkelt tanken, at man vender det uforstyrrede sind mod det ønskede fokus. Det kan være det indre billede af en gud, gudinde eller guru. Det kan være vejrtrækningen eller mantraet. Det kan være fysiske områder i kroppen. I Vedaerne gennemgås der hundredvis af sådanne

At skærpe sindet

meditationsobjekter[9]. Det kan være et hvilket som helst objekt, men skrifterne understreger vigtigheden af, at vi mentalt forbinder meditationsobjektet med det guddommelige. Det er grunden til, at Amma under Ma-Om meditationerne altid bruger noget tid på at forklare, at lyden *om* er et symbol på guddommeligt lys, (dvs. bevidsthed), og at lyden *ma* repræsenterer guddommelig kærlighed. Herefter tænker vi ikke på bevidstheden eller den guddommelige kærlighed; sindet fokuserer helt enkelt på åndedrættet, som er forbundet med lydene *ma* og *om*. Men vi har foretaget en *sankalpa* [skabende beslutning] om, hvad de repræsenterer.

Dhyana

Dharana betyder helt enkelt en tanke. Det næste skridt, dhyana, er i virkeligheden en fortsættelse af denne tanke. Som Shankara siger: "at skabe en vedvarende strøm af forandringer i sindet [dvs. i tankerne]. Denne strøm sættes i relation til et objekt, som præsenteres i skrifterne, uden at blive afbrudt af nogen fremmede idéer." På dhyana-stadiet vil sindet fastholde én enkelt tanke, men det er kun, fordi vi anstrenger os. Det er en kamp.

Jeg er sikker på, at vi alle har erfaringer, der minder om denne: Vi sidder og mediterer og forsøger at fokusere mentalt på f.eks. Devis form. Vi koncentrerer os om hendes krone, hendes hår, så hendes *sari*... Mens vi ser hendes sari for os tænker vi: Åh, Devis sari er så smuk. En smuk dybblå farve... Blå som havet... Og så dukker vores snedige sind op: *Husk sidste sommer, hvor jeg var på krydstogt til Venezuela...* Så begynder vi at tænke på den restaurant, vi spiste på, da vi var der... Og så de interessante mennesker, vi mødte der... *Den fyr på restauranten havde virkelig et flot ur... Åh, jeg har virkelig brug for et nyt ur... Måske skulle jeg tage hen til indkøbscentret i morgen... Sidste gang jeg var derhenne, kom jeg op*

---

[9] Overvejende i *aranyaka* delene.

155

at skændes med min søster, Devika... Hov! Pludselig husker vi, at det var meningen, at vi skulle meditere på Devi. Sådan er sindet - en strøm af tanker. Det er normalt, at strømmen ikke er reguleret - at den er en ren og skær strøm af tanker, som er baseret på mentale associationer og vasanaer [dårlige vaner og tilbøjeligheder]. Gennem vores spirituelle praksis kan vi udvikle evnen til at kanalisere denne tankestrøm hen mod én ting. Det svarer til at lægge skinnerne for et tog og derved sikre, at vi forbliver på den rigtige kurs og når frem til det ønskede mål. Når kraften i vores opmærksomhed bliver stærkere, bliver vi også bedre til at fange sindet, når det er ved at komme på afveje. Når vi gennemgående er i stand til at begrænse vores fokus til det udvalgte mentale område, refererer man til dette som dhyana.

Samadhi

Saguna meditation kulminerer i samadhi - fuldstændig uanstrengt fordybelse i en udvalgt tanke. Her strømmer sindet uden hindringer. Det billede, der traditionelt bruges til at illustrere tilstanden, er den rolige flamme bag glasset i en olielampe. Inden dette stadie findes der altid to - den mediterende og objektet for meditationen. Men i samadhi glemmer den mediterende fuldstændigt sig selv og objektet for meditationen bliver hans eneste eksisterende virkelighed. Dette er kulminationen på saguna meditation. Selv i vores daglige liv findes der øjeblikke, når vi ser fjernsyn eller film, hvor vi bliver så opslugte af, hvad der sker, at vi fuldstændig glemmer os selv. Før vi ved af det, er der gået to timer! Naturligvis er forskellen mellem at se fjernsyn og at meditere, at sindets og sansernes lavere tilbøjeligheder er at vende sig udad, og i meditationen træner vi dem i at rette sig indad. Når det er sagt, har vi alle oplevet øjeblikke, hvor vi forsvandt ind i vores tanker - måske ind i en intellektuel idé eller en dagdrøm - men så længe vores koncentration ikke er styret af viljen, vil det aldrig frembringe den mentale forfinelse, vi søger at opnå gennem saguna meditation.

Det er vigtigt at bemærke, at samadhi i meditation ikke skal forveksles med Selv-realisering. Selv-realisering er et skift i vores opfattelse, hvor vi erkender vores sande natur, den omgivende verdens natur og Guds natur som alle essentielt set værende lyksalighed og evig bevidsthed. Det kaldes en advaita - nondual - erfaring, fordi vi én gang for alle indser, at den eneste ting, der eksisterer indeni og udenfor er bevidsthed. Denne erkendelse er permanent og forbliver med os, uanset om vi sidder med lukkede øjne og mediterer, eller om vi spiser, sover, går eller taler. I Patanjalis samadhi afhænger ens erfaring af lyksalighed af sindets fuldkomment fokuserede opmærksomhed. Når sindet er fokuseret på ét punkt, bliver det så stille, at Selvets lyksalighed skinner igennem det mentale felt, der normalt formørker det. Således får vi som Shankara siger: "et glimt af Selvets virkelighed." Men når man holder op med at meditere og åbner sine øjne, vender den dualistiske verden tilbage, glimtet hører op, og vi fortsætter med at være det samme menneske med alt det negative indeni os. Det er derfor, man siger, at vedvarende lyksalighed, kun kan komme gennem viden. Kilden til misforståelsen - at samadhi i meditation er det samme som Selv-realisering - er, at man også nogle gange refererer til Selv-realisering som 'samadhi'. Men teknisk set kaldes Selv-realisering *sahaja samadhi* - en 'naturlig samadhi', som affødes af erkendelsen af, at alt er ét.

Det er i virkeligheden et meget smukt og fascinerende koncept. I den meditative samadhi begrænser vi sindet til én tanke og oplever lyksalighed som resultat af det. I sahaja samadhi forstår vi, at alt, hvad vi ser og tænker, virkelig består af én essens, og derfor oplever vi lyksalighed. I det første tilfælde reducerer vi pluralitet til enhed gennem disciplin, i den sidste reducerer vi det til enhed gennem indsigt. Meditativ samadhi er forbigående; det hører op, når meditationen slutter. Men samadhi, som udspringer af erkendelse, vil aldrig høre op, når man først har opnået den.

Amma siger ofte, at de fleste mennesker kun opnår et eller to minutters egentlig koncentration i løbet af en meditation, der varer en time. Hun siger, at virkelig meditation ikke bare er at sidde med lukkede øjne, men "en tilstand af uafbrudt koncentration, der er som en endeløs strøm"- dvs. Patanjalis samadhi. Men det er stadigvæk ok, siger Amma. Styrken i vores koncentrationsevne vil vokse, efterhånden som tiden går, og vi øver os. Amma forklarer ofte dette ved at sige: "Lad os forestille os, at vi sætter noget vand til at koge for at lave en kop te. Hvis nogen spørger os, hvad vi laver, vil vi sige, at vi laver te. Men i virkeligheden er vi kun ved at varme vandet op; det er kun begyndelsen. Vi har endnu hverken tilføjet teblade, mælk eller sukker. Alligevel siger vi, at vi er i gang med at lave te. På samme måde siger vi, at vi er i gang med at meditere, men det er kun begyndelsen. Vi har endnu ikke opnået den virkelige meditative tilstand."

Andre former for spirituel praksis

At styrke vores fokus er målet for størstedelen af de spirituelle praksisformer. Forskellen er at meditation udelukkende er en mental aktivitet. Den fulde koncentration om meditationsobjektet kan kun opnås gennem sindet. Derimod får vi støtte fra de forskellige sanseorganer i andre former for spirituel praksis.

For eksempel anbefaler Amma i stor udstrækning den daglige chanting af Lalita Sahasranama - Den Guddommelige Moders tusind navne. I denne form for spirituel praksis *tænker* vi ikke kun på mantraerne, men vi chanter dem også højt, og herved involverer vi både tungens *karmendriya* [handleorgan] og ørets *jnanendriya* [vidensorgan]. Måske læser vi også mantraerne, og således trækker vi også på øjnenes organer. Nogle mennesker

benytter også fysiske bevægelser, hvor de foregiver at ofre blom-
sterblade ved hvert navn, de chanter - herved understøttes de af
hændernes handleorganer. Jo flere sanseorganer, vi involverer,
des lettere vil det være at opnå en helt fokuseret koncentration
på ét punkt. At synge *bhajans* fungerer efter samme princip. Det
er årsagen til, at mange mennesker, som har svært ved at opnå
fokuseret koncentration på ét punkt, når de mediterer, i stedet
foretrækker at chante mantraer eller synge bhajans. Den generelle
regel er følgende: Jo flere sanser, der er involveret, des lettere bli-
ver det at koncentrere sig. Omvendt vil praksisformen være mere
kraftfuld, des færre sanser vi benytter.

At sammenligne med fysisk træning kan give en dybere for-
ståelse af dette princip. Jo flere muskler man bruger til at løfte en
vægt, des lettere bliver det at løfte den. Men samtidig gælder det
også, at jo færre muskler, man gør brug af, mens man løfter vægten,
des mere træner man de muskler, der bruges under øvelsen. Inden
for spiritual praksis interesserer vi os ikke for at skærpe kraften i
hørelsen, synet osv. Vi ønsker at styrke sindet. Så jo færre sanse-
organer, vi trækker på, des mere styrketræning får sindet. Det er
grunden til, at Ramana Maharsi i sit værk Upadesa Saram skrev:

uttama stavāducca mandataḥ |
cittajaṁ japa-dhyānam-uttamam ||

Højlydt gentagelse er bedre end lovprisning. Stille mumlen
er endnu bedre. Men det bedste er gentagelse i sindet; dette
er i sandhed meditation.

Upadesa Saram, 6

Det er det samme råd, Amma giver os, når vi får mantra *diksa*
[initiering] af hende. Hun siger: "Chant i begyndelsen mantraet,
så du kun hører lyden. Når du er i stand til at gøre det med et
koncentreret fokus, kan du begynde at chante ved kun at bevæge

læberne ligesom en fisk. Når du mestrer dette, så gør det til en vane kun at chante mantraet mentalt indeni." Vi kan forstå dette på to måder. 'Begyndelsen' kan betyde den indledningsvise periode, som følger lige efter, at vi er blevet initieret til mantraet. Eller det kan betyde begyndelsen af vores daglige mantra-japa praksis. Generelt skal vi forsøge at forfine vores spirituelle praksis og gøre den mere subtil, efterhånden som vi gør fremskridt på makrokosmos-niveauet. Samtidig vil dette måske blive afspejlet på mikrokosmos-niveauet i vores daglige praksis.

Ligesom det er mere kraftfuldt at chante et mantra mentalt end at chante det mundtligt, siges det også, at det er mere kraftfuldt at chante ét mantra igen og igen i stedet for at chante en række mantraer. Det skyldes, at sindets natur er som en strøm. Det søger altid noget nyt. Når det har trukket saften ud af én ting, ønsker det at fortsætte til noget nyt. Jo mere vi begrænser sindet, des mindre giver vi det lov til at følge dets udadvendte natur. Disse former for praksis svarer til at bruge mentale bremser til at styre sindet, så det følger den kurs, *vi* vælger. Tidligere har vi ikke haft kontrol over det. Det har, som Amma siger, været som "halen der logrer med hunden." Når vi bruger bremserne, er resultatet, at der opstår en stærk varme eller hede. Det er et tegn på, at sindet bliver renset. Det er ikke et tilfælde, at sanskrit-ordet for 'hede' og for 'askese' er det samme - tapas. Det betyder ikke, at alle, som godt kan lide at chante højt, skal holde op med det. Vi skal se indad, ærligt vurdere det niveau, vi befinder os på, og så bevæge os fremad, mens vi over tid forsøger at intensivere vores praksis.

Når det er sagt, forklarer Amma, at der er en særlig gavnlig virkning af at chante Lalita Sahasranama højt. Hun siger, at når vi gør det og følger den rigtige rytme og tempo, er det næsten en form for pranayama, som uden anstrengelse regulerer åndedrættet og derved afspænder og renser kroppen og sindet.

Barrierer for meditation

Meditation er en af de mest subtile praksisformer. For nogle er det en kilde til stor lyksalighed, for andre en kilde til stor frustration. Flertallet oplever noget, der ligger mellem de to ekstremer. I sine kommentarer til Mandukya Upanisad, nævner Adi Shankaracaryas oprindelige guru, Sri Gaudapadacarya, fire barrierer for meditation, og han gennemgår også, hvordan man overvinder dem. Det er *laya, vikrepa, karaya* og *rasasvada*.

Laya betyder søvn. De fleste af os kender alt for godt til dette problem, især når vi lige er begyndt at meditere. Det er helt naturligt. Hele vores liv har vi kun forbundet det at lukke vores øjne med at slappe af og sove. Nu ønsker vi pludselig at lukke øjnene og alligevel forblive vågne og opmærksomme. Derfor oplever vi ofte, at vi sidder og falder i søvn. For at overvinde denne barriere, er vi nødt til at kigge på årsagen til søvnen.

Søvn under meditationen opstår typisk på grund af for lidt søvn om natten, for meget mad, overdreven fysisk anstrengelse eller helbredsproblemer såsom lavt blodtryk osv. Hvad angår dette problem råder Amma for det meste folk til at rejse sig og bevæge sig rundt i et stykke tid. "Hvis du føler dig søvnig, så rejs dig op og gå, mens du chanter dit mantra, så vil *tamas* [sløvheden] gå væk. I de begyndende stadier af meditationen vil alle dine tamasiske egenskaber dukke op til overfladen. Hvis du er årvågen, vil de med tiden forsvinde. Når du føler dig søvnig, kan du chante mantraet ved at bruge en *japa mala* [en bønnekæde med perler]." Hvis genstanden for vores meditation er et billede, anbefaler Amma os, at vi åbner øjnene og fokuserer på det ydre billede. Når døsigheden er forsvundet, kan vi lukke øjnene igen og fortsætte med at visualisere billedet i vores indre.

Jeg husker den første tid i ashrammen, hvor Amma, mens vi mediterede, sad sammen med os og havde en lille pose småsten ved siden af sig. Hvis en af os var ved at falde i søvn, kastede

Amma en af stenene hen på ham - altid med en udmærket evne til at ramme målet! Nogle gange ser vi det stadig finde sted ved Ammas programmer. Fordi *darshan* typisk fortsætter til tre eller fire om morgenen, begynder mange af dem, som sidder omkring Amma og mediterer, at døse hen. Amma har sin egen unikke måde at vække dem på - ved at kaste et stykke slik hen på dem som prasad.

Den anden barriere er vikepa [sindsoprivelse]. Her er sindet ikke søvnigt. Det er præcis det modsatte; vi kan ikke fokusere, fordi vi oplever indre uro. Det er ønsker og begær, som er årsagen til, at sindet er oprevet. Som tidligere nævnt opstår begær på grund af forvirring om den sande kilde til lykke - dvs. misforståelsen hvor kilden til lykke ses som sanseobjekterne snarere end Selvet. For at overvinde denne barriere under meditationen, anbefaler Gaudapada, at vi reflekterer over forgængeligheden, som kendetegner de ting, der distraherer vores tanker, og hvordan de til sidst kun vil medføre sorger. Amma råder os til at gøre det samme: "Når uønskede tanker opstår under meditationen, skal vi tænke: 'Åh sind, hvad gavner det at dvæle ved disse tanker? Har de nogen værdi?' Ved at tænke det, skal du afvise unødvendige tanker. Der skal opstå en fuldkommen lidenskabsløshed. Overbevisningen om, at sanseobjekter er lig med gift skal blive fast forankret i sindet."

Herefter følger kasaya. I kasaya er sindet hverken søvnigt eller distraheret af tanker, men alligevel opnår man ikke en meditativ fordybelse, fordi der stadig er ønsker og begær i den ubevidste del af sindet. Her er det eneste, vi kan stille op, at være vidne til sindet i denne tilstand, og når de latente ønsker kommer op til bevidsthedens overflade, skal vi fjerne dem ved at bruge skelneevnen.

Den sidste barriere, som Gaudapada nævner, er rasasvada, som bogstaveligt talt betyder 'at smage (*asvadana*) lyksaligheden (*rasa*).' Når sindet bliver opslugt af det ønskede meditationsobjekt, vil man få en erfaring af fred og lyksalighed. Når dette sker, skal vi ikke tillade os selv at blive distraherede af dens berusende virkning. Vi skal fastholde fokus på det meditationsobjekt, vi har valgt. Vi skal altid huske formålet med at praktisere meditation: at skærpe sindet. I virkeligheden er den lyksalighed, vi erfarer på disse tidspunkter, en refleksion af Selvets lyksalighed, som det opleves i sindets spejl. Afhængigt af vores mentale tilstand, vil oplevelsen komme og gå. 'Smagen' af lyksalighed er ikke vores mål. Ultimativt set må vi gå hinsides dette og erkende vores identitet som atma, den sande kilde til alle lyksalige oplevelser. Som kapitel ni vil gennemgå i detaljer, er dette ikke en erfaring, men et skift i vores forståelse. Saguna meditation forbereder os på dette skift, men den kan ikke i sig selv få det til at indfinde sig. Det kan kun ske ved, at vi får viden og indsigt.

Amma siger, at en hvilken som helst handling, som udføres med den rigtige holdning og beslutsomhed, kan blive en spirituel praksis, så længe den udføres med opmærksomhed. At gå kan være en spirituel praksisform, at tale kan gøres til en form for spirituel praksis, og det samme gælder at spise eller lave pligter i hjemmet, det hele kan tjene til at forfine sindet, hvis det udføres med koncentration og bevidsthed om formålet.

Hele Ammas liv demonstrerer dette princip. Alt hvad hun gør, udfører hun med en sådan omhu og fokus. Kigger man tilfældigt på det, ser det måske ikke sådan ud, fordi Ammas handlinger virker så naturlige. Men hvis vi virkelig ser godt efter, vil vi finde ud af, at alt, hvad Amma gør - hendes tilfældige øjekast, spontane smil, legende bevægelser, selv hendes tårer - udføres med præcision, omhu og fokuseret opmærksomhed.

Jeg husker en interessant historie, som illustrerer denne pointe. I 2003 kom en filminstruktør ved navn Jan Kounen til ashrammen for at lave en dokumentarfilm om Amma. Det var det år, hvor Amma fyldte 50 år, og han ønskede at filme de ekstremt store darshan-sessioner, der fandt sted i dagene omkring fødselsdagen. Ved sådanne lejligheder kan Amma give darshan til op mod 2.000 mennesker i timen. At være vidne til dette er virkelig noget særligt. Der er to køer med mennesker - den ene kommer fra Ammas højre side, og den anden kommer fra hendes venstre side. Et todelt kærlighedens transportbånd. Mens han reflekterede over, hvordan det var at filme det, sagde Kounen: "Hun var så hurtig! Ved første øjekast ser man det ikke. Det ser bare rodet ud, som i en tåge. Det gik for hurtigt. Så derfor besluttede jeg mig for at optage hende i slow-motion. Først sådan begyndte jeg at bemærke det: "Nej, det er ikke rodet. Der er en sådan skønhed og ynde i det. Alt er så velovervejet. Det er som en ballet." Som en form for bevis for Ammas enorme opmærksomhed under disse sessioner, kan hun pludselig stoppe op, tage fat i én, der kommer til darshan, og legende skælde ud: "Hov, din frække fyr! Du kom to gange!" Kun Gud ved hvordan, men selv midt i de kolossalt store forsamlinger, husker Amma hvert eneste ansigt.

Når det er sagt, skal vi huske på, at Ammas sind allerede er renere end det reneste. Hun har ikke brug for at forfine det. Hun har allerede opnået det ultimative. Det meditative i hendes handlinger er hendes naturlige værenstilstand og tjener kun som et eksempel, der kan inspirere verden til at udvikle sig og følge i hendes fodspor.

Kapitel 9

At fjerne roden til lidelse

*Mørke er ikke noget, vi kan fjerne fysisk. Men når vi lukker
lyset ind, holder mørket automatisk op med at eksistere.
På samme måde vil uvidenhedens mørke forsvinde, når
den sande viden vågner. Så vågner vi til evigt lys.*

– Amma

Det sidste skridt på vejen til oplysning er *jnana-yoga* -
viden. Alle de andre former for praksis, som vi indtil
videre har gennemgået - *karma-yoga, saguna* meditation,
at udvikle guddommelige kvaliteter osv. - er i virkeligheden ude-
lukkende en forberedelse til jnana-yoga. Som vi har gennemgået
i tidligere kapitler, er målet med karma-yoga at hjælpe os til at
mindske tilbøjeligheden til at være tiltrukket til og frastødt af
bestemte ting, og desuden at reducere tanker, som distraherer
sindet ved at trække det i forskellige retninger. Målet med sagu-
na-meditation er at øge sindets evne til at koncentrere sig. For
at opsummere kan vi forestille os, at den spirituelle rejse finder
sted på en raket, hvor meditationen styrker rakettens motor, og
karma-yoga øger rakettens aerodynamiske formåen i rummet. Der
mangler kun én ting i denne metafor: målet. *Atma jnana* - viden
om Selvet - er destinationen. For at nå frem til dette mål, er vi
nødt til at gennemgå en meget mærkelig rejse. Den er mærkelig,
fordi vi, når vi kommer til destinationen, opdager, at vi allerede
var der til at begynde med! Alene ud fra dette udsagn kan vi forstå,

hvor subtil en viden atma jnana er, og derfor også hvor vigtigt det er at sikre de to former for mental forfinelse, der affødes af karma-yoga og meditation.

Der findes kun én årsag til, at mennesker søger spiritualitet, og det er, fordi de ikke er lige så lykkelige, som de gerne vil være. Som vi tidligere har gennemgået, er drivkraften igennem hele livet ønsket om lykke, eller mere lykke og frygten for at miste den lykke, vi har lige nu. Vi får et arbejde, fordi vi ved, at vi har brug for penge, hvis vi som minimum skal opfylde de helt basale behov for at overleve såsom mad, tøj og husly. Vi går i biografen og lytter til musik og søger relationer med andre, fordi vi forestiller os, at det vil berige os. Selv når vi følger et moralsk og socialt kodeks, og når vi handler uselvisk, er målet at etablere og vedligeholde en indre fornemmelse af fred og fuldbyrdelse. Disse ting giver os i varierende grad en midlertidig glæde, men denne glæde er altid blandet med sorg. De fleste mennesker fortsætter med at leve på den måde, mens de samtidig håber, at de en dag vil finde den perfekte tilværelse, hvori de lever 'lykkeligt til deres dages ende' - skatten ved regnbuens ende. Eller de bliver helt enkelt 'tilfredse med at være utilfredse.' De begynder at indse, at livet altid vil være en blanding af opture og nedture og beslutter sig for at udholde nedturene for at kunne nyde glæden ved de periodevise opture.

De fleste mennesker er villige til at acceptere 90 procent sorg, hvis de bare kan opleve 10 procent lykke. Det mærkelige er, at de aldrig ville acceptere noget så ineffektivt, når det angår noget som helst andet i livet. Kan du forestille dig at beholde en bil, som kun kunne starte hver tiende dag? Problemets kerne er, at de fleste mennesker i virkeligheden ikke oplever, at de har noget andet valg.

Spirituelle mestre som Amma er her for at lade os vide, at der findes et andet valg: viden om Selvet - at erkende ens sande natur. De forklarer os, at kun ved at vide, hvem vi i virkeligheden er, vil vi opnå al den lykke i livet, vi længes efter. Det er, fordi den midlertidige glæde, lyksalighed og lykke, som vi opnår ved at opfylde vores ønsker, i virkeligheden udelukkende kommer fra en indre kilde. Hvis vi formår at identificere os med denne kilde, vil vi aldrig nogen sinde opleve den mindste dråbe af sorg.

Lige nu kan jeg med ret stor sikkerhed gætte mig til et af de mest lykkelige øjeblikke i dit liv. Forestil dig, at du går i seng klokken ti om aftenen. Du er nødt til at vågne kl. fem næste morgen for at gå på arbejde, så du stiller vækkeuret. Snart er du i dyb søvn. Det næste, der sker, er, at du af en eller anden grund vågner. Værelset er bælgmørkt. Du kan ikke se noget, og du ved ikke, hvad klokken er. Det kan godt være, at du kun har sovet en time eller deromkring. Eller klokken kunne være et minut i fem! Mens du hurtigt beder en lille bøn, famler du efter vækkeuret på natbordet ved siden af din seng. Du får fat i det og holder det op foran øjnene. I dit stille sind beder du endnu en hurtig bøn, inden du trykker på urets lysknap. Og hvad opdager du så? Klokken er kun halv tolv! Hvor dejligt! Du kan sove i fem en halv time til! Dette er måske et af de lykkeligste øjeblikke i dit liv.

Hvad handler den lykke om? Der findes ingen velsmagende mad i den dybe søvn. Ingen fashionable feriesteder ved stranden, ingen supermodeller, ingen penge, intet navn og ej heller berømmelse. Der findes end ikke drømme. Bare intethed. Alligevel ved vi på en eller anden måde, når vi vågner, at der ikke findes noget mere lyksaligt. Helgener og vismænd forklarer, at erindringen om denne oplevelse af dyb søvn - for vi husker intet andet, end at det var lyksaligt - er et bevis på, at al lykke udelukkende kommer indefra. Det er kun vores ønsker og begær, der blokerer for denne lykke. Jeg husker, at der en gang var én, der spurgte Amma, hvordan det var at have realiseret Selvet, og Amma svarede: "Det er som om, du erfarer den dybe lyksaligheds søvn. Det sker bare, mens du er helt vågen."

Når vi realiserer Selvet, vil vi komme til at dvæle i denne lyksalighed for evigt, uanset hvad der sker i den ydre verden. Sagt med Ammas egne ord er det "en altgennemtrængende følelse af fuldbyrdelse og af, at der absolut ikke er noget andet i livet, der skal opnås - en realisering, der gør livet fuldkomment." Det er det, vi som spirituelt søgende går efter. Og det er kun gennem viden - sand forståelse af, hvem vi er og ikke er - at vi vil opnå det.

At opnå viden om den, der ved

At få viden om atma kan godt være lidt vanskeligt, fordi det ikke drejer sig om et objekt. Derfor anses viden om Selvet for at være en af de mest subtile former for viden. Når vi studerer alt muligt andet, er det et objekt, vi lærer noget om. For eksempel inden for astronomien studerer subjektet 'jeg' de astrale legemer, objektet. Inden for geologien studerer subjektet 'jeg' nogle klipper, objektet. Inden for kemien studerer subjektet 'jeg' nogle kemiske substanser, objektet osv. Men hvad angår studier af Selvet, er subjektet selv blevet studieobjekt. Og subjektet kan for os aldrig blive et objekt, som vi kan opnå en intellektuel forståelse af. Den, der observerer, kan aldrig blive den observerede. Kan et øje se sig selv? Kan tungen smage tungen? Nej, det kan ikke lade sig gøre.

Jeg har hørt følgende eksempel, som forklarer denne sammenhæng: En dag finder der en strømafbrydelse sted. En mand, der pludselig befinder sig midt i mørket, rækker ud efter sin lommelygte. Han tænder den, og den lyser værelset op. Lysstrålen er så skarp, at det virkelig gør indtryk på manden. "Hold da op! Sikken stærk og kraftig lysstråle!" tænker han i sit stille sind. "Batterierne i denne lommelygte må være helt utrolige!" Manden vil gerne finde ud af, hvilket mærke batterierne har, og derfor beslutter han sig for at tage dem ud og lyse på dem med lommelygten. Så snart han gør det, indser han selvfølgelig, hvor tåbelig han har været.

169

Således er der ikke noget af det, vi tidligere har studeret, som er lig dette. Atma kan ikke høres ligesom musik, så vores ører kan ikke lytte til den. Atma er ikke noget, som har form eller skikkelse, så vores øjne kan heller ikke bruges til at afsløre den for os. Ligeledes har den ingen duft, smag eller følelse. Den er overhovedet ikke et objekt. Den er subjektet. Når alt kommer til alt betyder atma helt bogstaveligt 'Selv.'

Alle andre objekter, vi lærer noget om, kan vi gå ud og erfare. Sådan forholder det sig typisk. For eksempel kan vi læse en bog om Jupiter. Bogen beskriver, hvordan vi kan finde planeten på himlen og se den i teleskopet, og så venter vi på, at mørket skal falde på, og vi går op på tagterrassen og indstiller teleskopet. Så ser og erfarer vi det. Det samme gælder musik. Måske har vi læst om noget musik i avisen, som vi aldrig har hørt om før. Vores interesse er blevet vakt, og så er det helt naturligt, at vi gerne vil opleve musikken. Hvad gør vi så? Vi går ind på nettet, køber nogle mp3 filer, downloader dem og lytter til musikken. Sådan fungerer det med objektiv viden: først lærer vi om det, så erfarer vi det.

Men med viden om Selvet, subjektiv viden, er det slet ikke sådan. Det er fordi, fokus for din viden er *dig*, dit eget selv! Forestil dig, at du læser noget om nogle mennesker i avisen og så tænker: 'Hold da op, de der mennesker lyder ret interessante. Jeg kunne rigtig godt tænke mig at møde et menneske!' og så skynder du dig ud for at lede efter et. Det er en latterlig idé, ikke sandt? Hvad angår viden om Selvet, lærer vi noget om det, vi allerede 'erfarer[10],' noget du 'erfarer' lige her og nu - mens du læser denne sætning. Det er *dig*! Hvordan kan du nogensinde ikke være i færd med at 'erfare' det? Så vores problem handler ikke om at 'erfare'. Det handler om at forstå, om at genkende - om viden.

---

[10] Teknisk set er 'erfare' ikke det rigtige ord, fordi 'at erfare' indikerer, at der findes en ting, som erfares. Alligevel benytter Amma og andre mahatmaer ofte ordet på grund af sprogets begrænsninger.

Lad mig komme med et eksempel. Jeg er sikker på, at de fleste af jer kender Star Wars filmene. De er berømte i hele verden og også i Indien. For at være ærlig har jeg ikke selv set dem, men en devotee, som er en stor fan af disse film, har fortalt mig om følgende hændelser, der foregår i en af dem. I den anden film *Imperiet slår tilbage* er der en scene, hvor hovedpersonen, Luke Skywalker, leder efter sin *guru*, Yoda. Luke er rejst til en fremmed planet for at gå i lære hos ham. Udfordringen er, at Luke aldrig har mødt Yoda før. Han ved ikke en gang, hvordan han ser ud. Efter at han er landet på den mærkelige planet, møder han en lille og sjov grøn skabning med store ører, som plager ham. Luke er utålmodig efter at finde sin guru og blive hans discipel. Men den lille grønne skabning bliver ved med at genere og forsinke ham, og i det hele taget irriterer den ham rigtig meget. Til sidst bliver Luke så frustreret, at han begynder at råbe, kaste med ting og forbande sin skæbne. På dette tidspunkt afslører den lille grønne skabning, at han faktisk er præcis den Yoda, som Luke har ledt efter. Så Luke manglede ikke 'Yoda-erfaringer.' Det, han manglede, var 'Yoda viden.' Det samme gælder os i forhold til atma. Vi 'erfarer' atma lige nu. Det har vi gjort hele tiden, og det vil vi altid gøre. Vi behøver blot nogen, som kan introducere os til, hvad det er. Det er guruens rolle. Guruen holder skrifterne op foran os som et spejl, sådan at vi kan se vores eget ansigt. På den måde introducerer han os til vores eget Selv.

Problemet er, at selvom vi i øjeblikket 'erfarer' Selvet, erfarer vi også mange andre ting - den indre og ydre verden. Herudover bliver vi ved med at forveksle det, der sker i vores indre verden - vores følelser, minder, tanker og egoet - med Selvet. Det er så subtil en skelnen, at det kun er med hjælp fra en guru og fra skrifterne, som handler om viden om Selvet, at vi kan gøre os håb om at adskille dem. Amma bruger ofte et eksempel med en bunke sukker, der er blevet blandet med sand. Hun siger, at for et menneske vil det være ekstremt vanskeligt og tidskrævende, ja nærmest umuligt, at adskille sukkeret fra sandet. Hvorimod det er let nok for en myre. I denne metafor repræsenterer manden et menneske, der har et sløvt intellekt, der ikke er blevet skærpet. Myren repræsenterer et menneske, som har forfinet sin intellektuelle formåen gennem spirituel praksis og vedantiske studier under vejledning af en levende mester. Amma refererer til et sådant sind som *viveka buddhi* - et intellekt med skelneevne.

Skrifterne forsyner os med mange systematiske metoder, der om man så må sige kan hjælpe os med at skille sukkeret fra sandet. Disse metoder er ekstremt logiske og intellektuelt tilfredsstillende. Nogle af dem inkluderer *panca-kosa viveka* - at skelne mellem de fem lag i den menneskelige persona; *sarira-traya viveka* - at skelne mellem de tre legemer; *avastha-traya viveka* - at skelne mellem de tre mentale tilstande; og *drg-drsya viveka* - at skelne mellem den, der opfatter, og det, der opfattes. Dette er alt sammen forskellige former for analyse af Selvet. Vi kan bruge et fælles begreb til at referere til dem alle, og det er *atma-anatma viveka* - at skelne mellem *atma* og *anatma*, at skelne mellem det sande Selv og det, der ikke er det sande Selv.

Ved hjælp af disse metoder finder vi ud af, at vi faktisk ikke er alle de ting, vi troede, at vi var - kroppen, følelseslivet og intellektet. Essensen ved en tings natur er de karakteristika ved den, som aldrig forandrer sig. For eksempel definerer videnskabsfolk vandets essentielle natur som H_2O - et molekyle bestående af to hydrogen atomer og et oxygen atom. Hvis du ændrer formlen blot en anelse - H_3O eller for eksempel HO_2 - så er det ikke længere vand. Men behøver H_2O være en væske? Nej, det kan fryses og vil stadig være vand. Det kan også findes i form af damp. Det kan antage en hvilken som helst form - hæld det ned i et rundt bæger eller et tyndt rør eller frys det ned i en form, der ligner en elefant og brug den som dekoration på en stor brunchbuffet. Ingen af disse forandringer ændrer den essentielle natur ved H_2O. Det er stadig vand. Man kan tage det med til Indien, Spanien, Japan eller England... Det er ikke noget problem. Man kan kalde det *pani, agua, mizu*, vand eller endda opfinde sit eget ord for det. Så længe det er H_2O, forbliver det den samme ting. Ser vi nærmere på kroppen, sindet og intellektet, finder vi ud af, at de hele tiden undergår forandringer. Vores højde og vægt er konstant svingende. Vi drager måske endda i krig og kommer hjem og mangler et af kroppens lemmer. Vores IQ forandrer sig. Det samme gælder, hvad vi er tiltrukket til og frastødt af. Mad, vi hadede som børn, elsker vi som voksne. Det ene øjeblik kan vi elske nogen, og det næste øjeblik hade dem. Vores intellektuelle overbevisninger om ting som religion, politik, og hvad der er rigtigt og forkert - alt forandrer sig. Vores job og boligsituation forandrer sig... I de senere år er det endda blevet muligt at skifte køn! Det betyder, at kroppen, følelserne og intellektet alle er overfladiske aspekter af vores væsen. De er ikke den uforanderlige essens - atma.

Hvis du spørger en mand, hvem han er, vil han kun beskrive sin krop. Det kan være, at han siger ting såsom: "Jeg er en mand." "Jeg er 56 år gammel." "Jeg har denne far og denne mor." "Jeg arbejder på denne fabrik." Undersøger vi disse udsagn nærmere, er der kun én ting, som aldrig forandrer sig: 'Jeg'et.' Jeg'et er konstant. Og skrifterne forklarer os, at hvis vi går dybt ind i dette 'Jeg,' vil vi finde ud af, at dets hjerte er vores sande natur. Som Amma siger: "Dette navnløse, formløse, altgennemtrængende princip, som findes i alt som 'Jeg'et,' er atma, Brahman eller Gud."

Bevidsthedens natu

Der bruges mange navne om atma - *brahman, purura, paramatma, prajna, caitanyam, nirguna isvara* - men som selveste Vedaerne

173

fremhæver, *ekam sat vipraa bahudha vadanti* - 'Sandheden er én, de vise kalder den ved forskellige navne.'[11] Essentielt set betyder alle de ord, vi har nævnt, 'ren bevidsthed.' Bevidsthed er vores sande natur. Gennem skrifterne lærer vi, at bevidstheden ikke er noget, der er relateret til krop eller sind eller skabt af kroppen eller sindet, men alligevel gennemtrænger den kroppen og sindet, oplyser dem og giver dem liv. I kroppen er dens natur at være et vidne, den bevidner alle vores tanker, følelser og sindstilstande såvel som fraværet af dem. Derfor står der i skrifterne:

yanmanasā na manute yenāhurmano matam |
tadeva brahma tvam vidhi nedam yadidam-upāsate ||

Det, der ikke kan begribes af sindet, men hvormed, det siges, at sindet begribes - vid at dette alene er Brahman og ikke det, som folk her tilbeder.

Kena Upanishad, 1.6

Faktisk er bevidsthed ikke begrænset af kroppens grænser. Det virker kun tilsyneladende sådan, fordi bevidstheden, i og med den er så subtil, kun kan opfattes, når den afspejles i noget, såsom kroppen eller sindet. Som forklaring på dette fænomen sammenligner man det ofte med det fænomen, vi kalder lys.[12] Vi kan kun 'se' lyset, når det bliver kastet tilbage - fra en væg, et ansigt, en hånd osv. Det er grunden til, at det ydre rum - hvor der ikke findes noget, lyset kan reflekteres tilbage fra - fremstår sort, dvs. blottet for lys. Alligevel findes lyset der helt sikkert. Solens stråler, der oplyser livet på jorden, må passere gennem det ydre rum for at nå hertil. Men vi kan ikke se dem, fordi der ikke er noget, som reflekterer sollyset. Det samme gælder bevidstheden. Som

---

[11] Rig Veda, 1.164.46
[12] Over hele Indien bruges lyset til at symbolisere bevidsthed, fordi det oplyser det, der ellers er skjult.

tidligere nævnt kan bevidstheden aldrig i sig selv være genstand for vores erkendelse. Vi kan kun opfatte den, når den reflekteres tilbage fra noget - såsom kroppen eller sindet. Det siges også, at bevidstheden er evig - uden begyndelse og uden slutning. I virkeligheden er bevidstheden den eneste evige ting. Og da den i sagens natur ikke er relateret til kroppen, fortsætter den selvfølgelig med at eksistere, efter at kroppen dør. Hvorfor virker det så, som om vores kroppe tømmes for bevidsthed, når vi går bort? Igen skyldes det, at der ikke længere findes noget, som kan reflektere bevidstheden. Det betyder ikke, at bevidstheden ikke længere er der. For at forklare dette, bruger Amma ofte en loftsventilator som eksempel. Hun siger: "Når pæren i lampen går, eller når ventilatoren går i stå, betyder det ikke, at der ikke længere er elektricitet. Når vi holder op med at bevæge en vifte, vi holder i hånden, ophører luftstrømmen, men det betyder ikke, at der ikke findes mere luft. Når en ballon springer, betyder det ikke, at luften, der var inde i ballonen, holder op med at eksistere. Den er der stadig. På samme måde findes bevidstheden overalt. Gud er overalt. Døden indfinder sig ikke på grund af fravær af Selvet, men fordi det instrument, der er kendt som kroppen, er ødelagt. Ved dødstidspunktet ophører kroppen med at manifestere Selvets bevidsthed. Så døden markerer, at redskabet bryder sammen, men ikke en manglende fuldkommenhed ved Selvet."

Bevidstheden må fortsætte med at gennemtrænge kroppen efter døden, for i skrifterne står der, at den er altgennemtrængende. Sandheden er, at vi ikke er en menneskekrop, der er udrustet med bevidsthed, men snarere bevidsthed, der er udrustet med en menneskekrop!

For at forklare dette, refererer skrifterne ofte til et eksempel, hvor man sammenligner hele rummet med "rummet i en krukke." Rummet fylder hele kosmos. Men hvis vi tager en lerkrukke, begynder vi pludselig at referere til rummet nede i den som noget adskilt - 'krukkens rum.' I virkeligheden giver begrebet ikke mening. Det er krukken, der befinder sig i rummet, og ikke rummet, der befinder sig i krukken! For at bevise dette, kan man helt enkelt knuse krukken ved at slå den mod jorden. Hvor er 'krukkens rum' så blevet af? Giver det i virkeligheden mening at sige, at dette rum 'smeltede sammen' med det totale rum? Nej, helt fra begyndelsen var der hele tiden kun ét rum. Sådan forholder det sig også med bevidstheden. Den er altgennemtrængende. Lige nu oplever vi den som værende knyttet til vores små kroppe, men dette er ikke den ultimative virkelighed.

Inden for videnskaben har man traditionelt anset bevidstheden for at være et produkt af materien. Ifølge videnskaben opstår et bevidst væsen, når oxygen strømmer gennem blodet og gennem det komplekse og gådefulde system, vi kalder for hjernen. Med dette følger frygten for, at når oxygenen hører op med at strømme gennem blodet, og hjernen stopper med at fungere, så går lyset ud og det bevidste væsen forsvinder for altid! Men vismænd og helgener har altid sagt præcis det modsatte: det er ikke bevidstheden, der er et produkt af materien, men materien, som er et produkt af bevidstheden. Sagt på en anden måde: materien er ikke bevidsthedens grundlag, *bevidstheden er materiens grundlag.* Og med udviklingen af kvantefysikken er nogle videnskabsfolk begyndt at undersøge denne påstand. En af disse videnskabsmænd er den teoretiske kernefysiker ved navn Dr. Amit Goswami, der arbejder ved Oregon Universitetet i USA og har publiceret studier, hvor han hævder: "Alle kvantefysikkens paradokser kan løses, hvis vi accepterer bevidsthed som basis for væren."

Det fører os til næste punkt. Hvis bevidsthed er altgennemtrængende som rummet, er bevidstheden bag mine tanker og følelser så ikke én og samme bevidsthed som den, der ligger bag de tanker og følelser, som tilhører alle andre væsener i universet?

Og hvis der findes en sådan ting som Gud - skaberen, vedligeholderen og ødelæggeren af universet - ville min bevidsthed og hans bevidsthed så ikke være den samme? Og til sidst det ultimative: i virkeligheden gennemtrænger bevidstheden ikke kun universet, den *er* faktisk universet. Det vil sige, at bevidstheden selv er den ultimative byggesten i kosmos. Dette er nogle af hovedprincipperne i Vedanta, og akkurat ligesom ved andre principper, kræver det tid, anstrengelser og langvarige studier virkelig at lære og integrere dette.

Tre faser i vedantiske studier

Studierne af viden om Selvet er inddelt i tre trin. De kaldes for *sravana, manana* og *nidhidhyasana* - respektivt at lytte til læren, at få afklaret sine spørgsmål og tvivl angående læren og at tilegne sig læren.

Sravana

Sravana betyder helt bogstaveligt 'at høre.' Så det første skridt er at høre den spirituelle viden. Der står ikke skrevet 'at læse.' Hvorfor er det høre og ikke læse? Fordi at høre kræver en levende guru. Og i skrifterne står der, at en levende guru er essentiel for den, der er interesseret i viden om Selvet. Korrekte studier af skrifterne finder sted på en systematisk måde, der starter med definitionen af alle de forskellige begreber og afsluttes med den ultimative sandhed, *jivatma-paramatma aikyam* - læren om at den bevidsthed, der er individets essens, og den bevidsthed, der er Guds (eller universets) essens, er én og samme. Har en studerende nogen chance for at lykkes med sine matematiske studier, hvis ikke han begynder med at mestre basale færdigheder inden for regning? Sådan er

177

det også med Vedanta. Vi er nødt til at starte fra begyndelsen og gå videre fremad derfra.

Kun en levende guru er i stand til at vurdere det niveau, den enkelte studerende befinder sig på, og vide, hvor godt den enkelte har forstået hver pointe. Ikke alene interagerer han med dem under sine taler, men også før og efter, fordi disciplene traditionelt bor sammen med guruen i hans *ashram*. På denne måde er han i stand til at vurdere deres svagheder og styrker og tage højde for dem, når han taler med dem.

Som tidligere nævnt er viden om Selvet den mest subtile af alle grene af viden. Ifølge skrifterne er den "mere subtil end det mest subtile." Derfor er der behov for, at studierne bliver en regelmæssig del af vores daglige liv. Man kan ikke fastslå præcis, hvor lang tid man skal bruge på det hver dag, fordi de studerende befinder sig på mange forskellige niveauer, men meget ofte studerer folk Vedanta hos en kyndig lærer i årtier, hvis ikke gennem hele deres liv. Guruens og skrifternes lære skal blive selve det stof, som vores liv er gjort af.

Amma siger, at sravana ikke er tilfældig lytten. Det er en fuldkommen udelt lytten, hvor man deltager med hele sit hjerte og hele sin væren. Det er en lytten, hvor disciplens sind fuldstændig identificerer sig med guruens sind. Når dette sker, vil guruens tanker bogstavelig talt indfinde sig i diciplens sind, mens han taler. Er dette ikke kommunikationens essens?

Normalt siges det, at for at blive guru må man først have været discipel. Det er, fordi viden om Selvet kommer fra at lytte til en levende guru. Og hvor modtog den guru sin viden fra? Ved at lytte til *sin* guru. Og hvorfra modtog denne guru sin viden? Fra *sin* guru. Sådanne guru-discipel-rækkefølger - eller *paramparas* - kan spores tilbage gennem hundreder, endda tusinder af år. Det siges faktisk, at alle sande paramparas begynder med Gud, ligesom det i begyndelsen af hver skabelsescyklus er Gud, som har rollen som den første guru, der afslører læren i form af Vedaerne. Men i Ammas tilfælde ser vi en undtagelse. Amma har aldrig haft en guru. Alligevel forbliver det et faktum, at Amma har alle de kvalifikationer, der skal til for at føre andre til frigørelse. For det første er Amma en *brahma nistha* - et menneske, som fuldt ud har tilegnet sig og stedse dvæler i sin egen og universets ultimative virkelighed. For det andet er Amma med stor klarhed i stand til at forklare selv de mest subtile sandheder til trods for, at hun aldrig er blevet undervist af en guru. Amma har aldrig studeret Bhagavad-Gita eller Upanishaderne, men alligevel giver hun med den største klarhed og indsigt udtryk for præcis de samme tanker, som man finder i disse hellige tekster. Således er Amma, uvist af hvilken årsag, helt tydeligt en undtagelse fra denne regel.

Når det er sagt, skal vi ikke antage, at vi også selv vil være en undtagelse. Undtagelser er meget sjældne. Da Amma en gang blev spurgt om det, sagde hun: "En person, med en medfødt musisk begavelse er måske i stand til at synge alle de traditionelle *ragaer* [indiske skalaer] uden nogen speciel oplæring. Men forestil jer, hvordan det ville være, hvis alle andre også begyndte at synge ragaer uden at få ordentlig undervisning i det! Så Amma siger ikke, at der ikke er behov for en guru; kun at der findes få og sjældne individer, der er begavet med en usædvanlig grad af opmærksomhed og årvågenhed, som ikke har brug for en ydre guru."

Ved et mirakel kan det ske, at en plante slår rødder i tør klippegrund, men en landmand ville opføre sig fjollet, hvis han med vilje begyndte at så sine frø der.

Manana

Det næste skridt på vejen til at opnå sand viden er manana - at afklare vores tvivl. En levende mester er den søgendes eneste ydre kilde til støtte på dette stadie. Vi kan ikke finde svar på vores spørgsmål i bøgerne! Når man læser i skrifterne, ser man, at de næsten alle har form som dialoger mellem en guru og discipel. I manana sikrer vi os, at der end ikke findes det mindste lille aspekt af det, vi har lært under aravana, som vi ikke forstår og accepterer. Formålet med manana er at gøre vores forståelse fuldkommen. Faktisk skal den studerende konstant reflektere over, hvad guruen har fortalt ham og igen og igen gå det igennem i sit indre. Giver det hele mening? Hvis ikke, så er han nødt til at bede guruen om at forklare det igen. Her opmuntres der ikke kun til at stille spørgsmål, spørgsmål er essentielle. I virkeligheden skal disciplen hele tiden afprøve de sandheder, guruen taler om, og se, om der er noget ved dem, der ikke passer i hans eget liv. Hans liv skal blive til et evigt videnskabeligt eksperiment, hvor han, hver gang han foretager en handling, lægger mærke til, om de principper, han er blevet undervist i, holder stik. For det er kun, når vi er blevet fuldstændig overbevist om, at læren holder stik, at vi kan gøre os håb om at bevæge os videre til det næste stadie: nidhidhyasana, eller tilegnelse.

Det siges, at disciplen er nødt til at have *sraddha* - tro og tillid til guruen og læren. Når vi afprøver læren, skal vi gøre det med udgangspunkt i en holdning, hvor vi er overbeviste om, at læren udspringer fra en guddommelig kilde og derfor er uden fejl. Vores spørgsmål er helt acceptable, men vi skal forstå, at de udspringer af vores manglende forståelse og ikke af fejl i læren. Vores spørgsmål skal udspringe af ønsket om at lære og om at opnå en større afklaring og ikke af et ønske om at angribe guruens og skrifternes logik. Disciplen skal forstå, at guruen er uendeligt mere vidende, end han selv er, og hvis der opstår forvirring, handler det om disciplen selv. Uheldigvis er der mange af os, som ikke har den indstilling til tingene.

En IT-support ingeniør besluttede sig for at gå ind i militæret. Den første weekend blev han taget med til skydebanen og fik et ladt gevær i hånden. Han fik at vide, at han skulle fyre ti skud af mod målet nede på skydebanen.

Efter at han havde fyret adskillige skud af, kom der besked fra den anden ende af banen om, at hvert eneste skud havde ramt langt forbi målet. Ingeniøren kiggede ned på geværet og derefter hen mod målet, han så igen ned på geværet og så over mod målet. Så stak han fingeren ind i geværet og fyrede et skud af. Selvfølgelig blev hans finger skudt helt af. Efter at han havde bandet over det, råbte han hen over banen: "Jamen, den kommer fint af sted herfra, så det må være nede i jeres ende, at der er et problem."

Vores logik er ofte præget af den slags fejl. Vi overfører fejlagtigt vores egne svagheder, manglende opmærksomhed og misforståelser på guruen, hans lære og de spirituelle praksisformer, han har anbefalet os. Når vi gør det, er det kun os selv, der kommer til at lide.

Som nævnt i kapitel syv understreger Amma vigtigheden af at udvikle en nybegynders indstilling. Den indstilling er meget vigtig, når man stiller spørgsmål til guruen. Vi skal have et barns og ikke en debattørs indstilling, når vi kommer for at afklare vores tvivl hos guruen. Kun med denne indstilling bliver vi i stand til at høre, hvad guruen siger og internalisere det. Den, der kommer for at debattere, lytter ikke virkelig, når guruen taler. Han vil formentlig have travlt med at formulere et modsvar. Sindet formår kun at gøre én ting ad gangen. Hvis vi har travlt med at overveje vores modargumenter, hvordan kan vi så i øjeblikket modtage læren i det, der bliver sagt?

Når vi studerer Vedanta på den rette måde, fjerner vi først den tvivl, der opstår i os. Men ofte vil guruen også stille os spørgsmål, og det kan være spørgsmål, vi aldrig før har tænkt over. For at spille djævelens advokat, kan han måske endda påtage sig argumenter, som udspringer af andre livsfilosofiske tilgange. Dette er alt sammen for at sikre, at vi har en urokkelig og sikker forståelse af læren. Som tidligere nævnt er vi kun færdige med manana, når hver eneste tvivl og manglende klarhed om atma er blevet udryddet. Først på det tidspunkt er vi klar til nidhidhyasana - at tilegne os det, vi har lært.

Nidhidhyasana

Nidhidhyasana er et af de mest misforståede aspekter af den spirituelle vej. Nidhidhyasana betyder, at vi helt og fuldt tilegner os, hvad vi har lært, og lever vores liv i overensstemmelse med det. At lære et andet sprog kan tjene som eksempel - f.eks. malayalam. Læreren siger i sin undervisning "Ok elever, den første lektion i dag er ordet 'pustakam.' Pustakam betyder 'bog.'" Bare at lytte til, at læreren siger sætningen er sravanam. Afklaring af enhver tvivl om, hvordan ordet udtales eller bruges i en sætning er manana. Men nidhidhyasanam betyder, at ordet er inkorporeret så dybt i mit sind, at jeg i samme sekund, jeg hører ordet 'pustakam,' straks tænker på en bog. Og hver gang jeg ser en bog, tænker jeg straks på ordet 'pustakam.' Og hvis nogen giver mig en bog og siger 'pazham' [banan] eller giver mig en banan og siger 'pustakam,' så ved jeg med det samme, at han har begået en fejl. Først når dette er tilfældet, kan man sige, at der er sket en fuldstændig tilegnelse af viden.

Når det gælder viden om Selvet, lærer vi om vores eget Selvs natur, atma. Som vi gennemgik tidligere i dette kapitel, forklarer skrifterne os, at vores sande natur er evig bevidsthed, og at bevidstheden er kilden til al lyksalighed. Yderligere er bevidstheden i mig én og samme bevidsthed i alle væsener - fra den mindste myre og op til selve Gud. Og ultimativt set er denne bevidsthed faktisk hele verdens grundlag. Hvis vi har tilegnet os dette, så skal vi, når vi tænker på os selv, ikke tænke 'krop, sind, intellekt,' men bevidsthed. Når vi interagerer med andre, skal vi ikke tænke på dem som adskilte fra os, men som ét med os, velvidende at bevidstheden i os selv og bevidstheden i dem er én. Når vi ser på verden omkring os, vil vi også hele tiden huske, at vi essentielt set kun er bevidsthed, selvom vi fortsætter med at se træer og floder og bygninger og dyr og bjerge osv. Dette vil afspejle sig i vores tanker, ord og handlinger.

En gang var der en guru, som var ude på vandring med sine disciple. Der var alt i alt omkring 40 disciple, som alle var klædt i hvidt tøj og tørklæde ligesom guruen. Guruens hoved og ansigt var glatbarberet, og det var disciplenes også. Ud fra den ydre fremtræden var der absolut ikke nogen måde, man kunne se forskel på mesteren og hans elever.

Et par timer inden solnedgang satte gruppen sig ned for at holde en pause. Snart sad guruen med sine 40 disciple og nød en kop te. På dette tidspunkt kom en enlig rejsende hen ad vejen, og da han nåede frem til den mark, hvor guruen og disciplene havde slået sig ned, standsede han kort og betragtede dem. Så gik han med ét pludselig hen til guruen og lagde sig ærbødigt ved hans fødder. Som han lå der ved guruens fødder, bøjede guruen sig ned og velsignede ham med en berøring af sin hånd. Så rejste manden sig igen, tog afsked og fortsatte sin rejse.

En af disciplene, som overværede denne hændelse, spurgte undrende sig selv, hvordan det gik til: "Vi har alle samme tøj på. Vi har alle barberet vores hoved og ansigter. Og da manden nærmede sig, var der ingen af os, der viste nogen ydre tegn på, at vi ærede vores guru. Hvordan kunne manden se forskel på os og genkende ham blandt alle os andre?" Med dette spørgsmål i hovedet, satte han tekoppen fra sig og skyndte sig af sted for at indhente den rejsende.

183

Da den unge munk nåede frem til den rejsende, forklarede han ham, hvad han undrede sig over. Den rejsende smilede og svarede: "Ved første blik vidste jeg, at I alle sammen var munke. Men jeg kunne ikke se, hvem guruen var. Men så kiggede jeg på måden, I alle drak jeres te på. For de 40 af jer, var der ikke noget særligt ved det - det var bare en gruppe mænd, som nød at drikke te. Men da jeg så på jeres guru, var det, som om jeg fik øje på noget helt anderledes. Den måde, han holdt koppen på, mindede mig faktisk om måden, en mor holder sit barn på. Det var som om, der ikke fandtes nogen anden ting i hele universet, han kunne nære så stor kærlighed til. Det var som om, at han slet ikke holdt på en ikke-levende ting, men om selveste Gud, der var legemliggjort i en metalkop. Da jeg så det, blev det uendelig tydeligt for mig, at han var mesteren, og derfor gik jeg direkte hen til ham og lagde mig ærbødigt foran ham."

Når vi tilegner os viden om Selvet, transformerer det os på en radikal måde. For når vi ser andre som ét med os selv, hvem kan vi så blive vrede på? Hvem kan vi være misundelige på? Og hvem kan vi være bange for? Hvem er der at hade eller frygte?

I skrifterne står der:

yastu sarvāṇi bhūtānyātmanyevānupaśyati |
sarva-bhūteṣu cātāmānaṁ tato na vijugupsate ||

Han, som ser alle væsener i selveste Selvet, og Selvet i alle væsener, føler på grund af dette (erkendelsen) ikke noget had.

– Isa Upanisad, 6

Som Shankaracharya udtrykker i sine kommentarer: "Dette er kun en bekræftelse af et kendt faktum. For det er et spørgsmål om erfaring, at al afsky kommer til den, som ser noget som dårligt eller forskelligt fra sig selv. Men for den, som kun ser det absolut

rene Selv som en kontinuerlig enhed, findes der intet andet objekt, som kan forårsage afsky. Derfor hader han ikke."
Hvilken mening giver det ligeledes at frygte døden, når vi godt ved, at vores egen natur er evig? Og når vi ydermere ved, at vi er kilden til al lyksalighed, hvorfor vil vi så nogensinde søge alle de forskellige måder at tilfredsstille sanserne, som verden kan tilbyde? Vi vil være fuldkomne og tilfredse med det, der er. Vi vil stadig tage imod det, der er nødvendigt for at tage vare på kroppens behov - mad, vand, husly osv. - men vi vil ikke vende os mod den ydre verden for at søge nogen form for velvære, sikkerhed, glæde eller fred. Som Krishna siger i Gitaen vil vi være: *atmanyevatmana turtaa* - tilfredsstillede i Selvet af Selvet. [13]

Der er forskellige grunde til, at mange mennesker tror, at nidhidhyasana er noget, som foregår, mens man 24 timer i døgnet sidder stille og mediterer uden ophør, måske i en hule i Himalaya-bjergene. Men dette er ikke tilfældet. Vi kan helt bestemt godt praktisere nidhidhyasana, mens vi sidder og mediterer med lukkede øjne. Men vi kan også gøre det i løbet af vores hverdag - mens vi udfører vores arbejde, tilbringer tid med vores familie, er sammen med vores venner, spiser, går og taler. Faktisk er det ikke kun noget, vi kan gøre, men noget vi skal gøre. Det er det, der menes, når der i skrifterne står, at vi skal 'meditere uafbrudt.' Ammas anbefaling om, at vi skal chante mantraet "med hvert åndedrag," som blev nævnt i kapitel otte, er en måde at forberede sindet til denne konstante nidhidhyasana.

I nidhidhyasana dvæler vi ved læren og rodfæster os i den. Så selvfølgelig kan man godt lukke øjnene, gå ind i en meditativ tilstand og gøre de spirituelle sandheder og følgerne af dem gældende. Det væsentlige er ikke at anvende bestemte ord, men at fokusere på bestemte aspekter af den vedantiske lære og konstant fordybe den i sindet. Ultimativt set er det bekræftelsen og

---

[13] Bhagavad-Gita, 2.55

rodfæstelsen af, hvad vi i sandhed er - altgennemtrængende, evig, lyksalig bevidsthed - og afvisningen af det, vi ikke er - kroppen og sindet, der er begrænset, dødeligt og ramt af sorger. Nidhidhyasana-processen er først fuldendt, når et fuldstændigt skift i identifikation har fundet sted - vi holder op med at anse os selv for at være krop, sind og intellekt, der er udrustet med bevidsthed, og i stedet ser vi os selv som bevidsthed, der tilfældigvis lige i øjeblikket er 'udrustet med' en krop og et sind. Denne forståelse skal komme til at gennemtrænge vores ubevidste sind.

I vores daglige omgang med verden vil vi hele tiden være i stand til at tænke på denne måde. Det bliver som en kendingsmelodi for vores liv - en sang, som hele tiden afspilles i vores baghoved. Jeg husker en gang for mange år siden, hvor der var én, som spurgte Amma, hvordan det er muligt at huske Gud, mens vi er i gang med at gøre forskellige andre ting. Vi befandt os på det tidspunkt lige i nærheden af vandområderne ved ashrammen, og Amma pegede på en mand, der sejlede i en lille kano, mens han førte en flok ænder ned ad floden. Amma sagde: "Det er sådan en lille båd. Og alligevel formår manden at holde balancen, mens han sejler i båden og ror med sin lange åre, og samtidig fører han ænderne gennem vandområderne. Hvis ænderne begynder at svømme væk, guider han dem tilbage på rette kurs ved at slå med åren i vandet. Indimellem ryger han en cigaret. Hvis det bliver nødvendigt, bruger han fødderne til at fjerne lidt vand, som er kommet ned i båden. Andre gange taler han med folk, der står inde på flodbredden. Selvom han gør alle disse ting, er hans sind hele tiden opmærksomt på båden. Hvis han er uopmærksom i blot et enkelt øjeblik, kan han miste balancen, båden vil tippe omkring, og han vil falde i vandet. Børn, vi skal leve her i verden på samme måde. Uanset hvilket arbejde vi udfører, skal Gud være rodfæstet i vores sind. Dette er nemt, når vi øver os i det."

I vores daglige samspil med verden omkring os kan vi faktisk bruge de udfordringer, vi møder, som en inspirationskilde til at implementere de vedantiske sandheder i os og gøre dem levende. Husk, at når vi har tilegnet os læren fuldt og helt, vil vi aldrig respondere ikke-vedantisk på nogle af de situationer, vi møder i livet. Vi vil altid handle i overensstemmelse med den sandhed, skrifterne udtrykker angående vores guddommelige natur, andres guddommelige natur og verdens guddommelige natur. Amma forklarer det ofte med et eksempel, hvor nogen bliver vrede på os og måske lader fornærmende ord strømme ned over os. I stedet for at reagere på det og blive vrede, vil den, der praktiserer nidhidhyasana i sit stille sind tænke: "Hvis det 'Jeg,' der findes i mig, er det samme 'Jeg,' som findes i ham, hvem er der så at blive vred på? Uanset hvad, så påvirker hans ord ikke min sande natur som atma." Hvis vi af en eller anden grund begynder at føle os ensomme, skal vi tænke: "Hvis det er sandt, at al lykke virkelig findes indeni, hvilken dækning er der så for at føle sig deprimeret og ensom?"

Så snart vi lægger mærke til et negativt respons fra sindets side, skal vi gå imod det og udrydde det ved at benytte den vedantiske viden, vi har lært. Dette er at praktisere nidhidhyasana, mens vi lever vores daglige liv. Hvis vi virkelig har tilegnet os læren, vil vi heller ikke blive bange eller deprimerede, når vi kommer til lægen og får en vanskelig diagnose. Vi vil snarere finde styrke og mod ved at tænke: "Denne krop er ikke andet og mere end et stykke tøj. Jeg har taget det på, og nu er tiden kommet, hvor det bliver taget af. Jeg er ikke kroppen. Jeg er evig! Jeg er lyksalighed! Jeg er bevidsthed!"

Kapitel fem handlede om forskellige karma-yoga holdninger, vi kan indtage, når vi udfører handlinger. En af de måder, Amma anbefaler os at forholde os til vores handlinger, er, at vi ikke anser os selv for at være den, der udfører handlingen eller nyder resultatet af handlingen, men mere som et redskab for handlingen. Faktisk forholder det sig sådan, at når vi kommer til nidhidhyasana-stadiet af det spirituelle liv, kan vi stadig gøre brug af den indstilling, mens vi engagerer os i hverdagens handlinger. For når vi er i nidhidhyasana, husker vi, at selvom vi udfører handlinger, så er vi ikke kroppen, følelserne eller intellektet, men ren bevidsthed. Mens vi er i færd med at handle, bevarer vi nu den samme tankegang, men vi tilføjer blot en enkelt justering. Vi ser kroppen og sindet som inaktive redskaber, der interagerer med verden gennem strømmen i den kosmiske energi (dvs. "i Guds hånd"), men vi selv er ikke kroppen, ej heller sindet, ej heller den kosmiske energi. Vi er den rene bevidsthed, som er et vidne til alle disse fænomener.

På den måde bliver hele vores liv en prøve. Hver gang vi håndterer en situation på en måde, som er i harmoni med Vedanta, består vi prøven. Hver gang vi ikke gør det, er det en påmindelse om, at der er mere, vi skal tilegne os. Når vores respons er i overensstemmelse med Vedanta, handler det ikke kun om det fysiske og verbale niveau. Disse niveauer er også betydningsfulde, men det vigtigste er det mentale niveau. Når nogen fornærmer os, er vi måske i stand til at smile udadtil, men hvordan har vi det indeni?

For to år siden fik en ældre ashram-beboer en dødelig kræftdiagnose. Han var 79 år og havde boet i Amritapuri siden 1987. Hans diagnose kom som en overraskelse for alle. Da den kom, var prognosen klar og tydelig. Måske havde han kun to måneder tilbage at leve i. Han flyttede ind i et lille værelse i Amrita Kripa hospitalet, som er placeret i Amritapuri, for der at tilbringe sine sidste måneder. I løbet af den tid kom hundredvis af devotees og beboere i ashrammen på korte besøg for at tage afsked med ham. Det, de oplevede i hospitalsværelset, var et lysende eksempel på Vedanta - en munter, lyksalig mand som sagde, at hans eneste ønske var hurtigst muligt at blive født igen, så han kunne hjælpe

Amma i hendes godgørende arbejde. Han var på ingen måde bekymret for sin krop eller dens sygdom. I stedet sagde han: "Denne sygdom giver mig den perfekte mulighed for at praktisere alle aspekterne i Ammas lære." Og således tilbragte han sine sidste måneder, mens han lyksaligt hilste på alt og alle og konstant reflekterede over den højeste sandhed, at han på ingen måde var sin krop.

Amma siger, at selve livet på denne måde ofte tjener som en guru. Det er helt naturligt, at livet sætter os på prøve. Men Amma vil også personligt fra tid til anden kaste nogle overraskende bolde henimod os for at se, hvor opmærksomme vi er! Jeg husker en gang, hvor der var en devotee fra et af de vestlige lande, som havde fået et spirituelt navn af Amma[14]. Denne persons primære spirituelle praksis var omtrent den samme som den, vi netop har gennemgået. Navnet, Amma havde givet hende, var også meget vedantisk - og indikerede Selvets sande natur. I denne bog kan vi sige, at navnet var 'Sarva-vyapini,' som betyder 'Altgennemtrængende ene.' En dag besluttede Amma sig for også at kalde en anden hengiven 'Sarva-vyapini.' Da den 'oprindelige' Sarva-vyapini' fandt ud af det, blev hun meget oprevet. Hun gik tårevædet og fyldt af vrede op til Amma og sagde: "Da Amma gav mig navnet, var det som om, hun giftede sig med mig. Og ved at give det til en anden, er det som om, hun har bedt om skilsmisse!" Da Amma hørte det, kunne hun ikke lade være med at le. Så forklarede hun de devotees, der stod omkring hende, hvordan denne pige praktiserede undersøgelse af Selvet, hvorigennem det er meningen, at vi skal forstå, at Selvets natur er altgennemtrængende, og at dette indikerer, at 'Jeg'et' i mig er præcis det samme, som 'Jeg'et' i dig. Alligevel blev hun oprevet over, at Amma også kaldte en anden for 'Alt-gennemtrængende ene'. Hvordan kan der findes

---

[14] Når Amma bliver spurgt, giver hun ofte vestlige devotees sanskrit-navne med en spirituel betydning.

to, der er 'altgennemtrængende'? Det kan der absolut ikke! Der var tydeligvis behov for yderligere arbejde med at tilegne sig de principper, som ligger bag navnet!

For at opnå en fuldstændig tilegnelse, skal der overhovedet ikke være nogen som helst kløft mellem vores viden om, hvem vi er, og vores tanker, ord og handlinger. Hvis vi vender tilbage til eksemplet, der handler om at lære et fremmed sprog, kan vi sige, at man først mestrer et sprog, når man kan tale det helt flydende med alle og enhver - og ordene strømmer uanstrengt og spontant. Et sådant menneske har ikke brug for at holde pauser for at slå noget op i ordbogen! Der er ikke nogen forudgående formulering af sætningen på modersmålet, som mentalt skal oversættes til et nyt sprog, før man siger noget. Der er kun en uanstrengt og vedvarende talestrøm. Sådan skal det også blive med viden om Selvet. Når vi for alvor er blevet i stand til at beherske et fremmed sprog - og når dette endda erstatter modersmålet - vil vi endda *drømme* på dette sprog. På samme måde er det meningen, at nidhidhyasana skal kulminere i en opmærksomhed på vores egen sande natur, som ikke kun opretholdes, mens vi er vågne, men også mens vi drømmer. Den skal endda være der under den dybe søvn! Amma siger, at det er sådan, hun erfarer det - at selv når hun sover, er hun simpelthen vidne til, at hendes sind sover.

Hvordan kan vi afgøre, om vi gør fremskridt?

Amma siger, at der kun er to måder, vi kan afgøre, om vi har gjort fremskridt i vores spirituelle udvikling: vores evne til at bevare sindsligevægten i udfordrende situationer og omfanget af den medfølelse, som vælder frem i vores hjerte, når vi er vidne til andres ulykke. Årsagen til, at Amma siger sådan, er, at begge ting er direkte resultat af, at vi har tilegnet os de to vedantiske kerneprincipper - den første er forståelsen af, at vores sande natur er bevidsthed, den anden er forståelsen af, at den samme bevidsthed, som findes i os, er den bevidsthed, som findes i alle andre. Hvis vi har tilegnet os det første kerneprincip, vil vi, uanset hvad der sker i vores liv, ikke blive stressede. Der kan være underskud på vores bankkonto, vi kan blive forladt af dem, vi elsker, vores hus kan brænde ned, vi kan få en dødelig sygdom, vi kan blive arbejdsløse... uanset hvad der sker, mister vi ikke den indre ligevægt, fordi vi fuldstændig har tilegnet os læren om, at vores sande natur ikke er kroppen eller sindet, men evig lyksalig bevidsthed. Hvorfor skal bevidstheden bekymre sig om ikke at have penge? Hvorfor skal bevidstheden bekymre sig om, at huset brænder ned? Hvorfor skal bevidstheden bekymre sig om, at vi bliver syge og dør? Bevidstheden er evig, altgennemtrængende og evigt lyksalig. Intet påvirker den. Og hvis vi fuldstændig har identificeret os med bevidstheden, bliver vi aldrig oprevet over at møde negative omstændigheder i den ydre verden. Vores evne til at forblive rolige, når helvedet bryder løs, korresponderer direkte med i hvor høj udstrækning, vi har tilegnet os denne grundlæggende sandhed i læren.

Og hvis vi rigtigt har tilegnet os den anden lære - at bevidstheden i os er den samme bevidsthed i andre - vil vi have medfølelse med andre mennesker. For at illustrere dette plejer Amma at bruge et eksempel, som handler om, at vi kommer til at skære os selv i hånden. Når vi skærer os selv i venstre hånd, vil højre hånd med det samme komme den til undsætning - vaske såret, smøre salve på og lægge en forbinding. Den højre hånd ignorerer ikke den venstre, mens den tænker: "Åh, det her er den *venstre* hånd! Hvorfor skal jeg tage mig af, hvad der sker med den?" Nej, den ved, at den er uløseligt forbundet med den venstre hånd - at den venstre og den højre hånd begge hører til et og samme levende væsen, og den reagerer tilsvarende. Eller hvis vi ved et uheld kommer til at stikke os i øjet med en finger, så skærer vi ikke denne finger af hånden. Vi bruger fingeren til at gnide os i øjet og berolige det. Så når først vi har tilegnet os forståelsen af, at vi er ét med alle andre, er det bare en naturlig følge, at deres sorger er vores sorger, og deres glæder også er vores glæder. Jo mere medfølelse, vi føler, når vi ser andres lidelse, des mere har vi tilegnet os denne sandhed.

Krishna forklarer dette til Arjuna i Bhagavad-Gita, da han siger:

ātmaupamyena sarvatra samaṁ paśyati yor'juna |
sukhaṁ vā yadi vā duḥkhaṁ sa yogī paramo mataḥ ||

"Åh Arjuna, den yogi, som bruger samme standard til at vurdere glæde og smerte omkring sig, som han bruger over for sig selv, anses for at være den højeste."

Bhagavad-Gita, 6.32

Amma siger faktisk, at vi som del af vores tilegnelsespraksis i det mindste udadtil skal respondere på en vedantisk måde. Det indebærer, at vi skal handle med medfølelse, selvom vi ikke føler medfølelse. Måske føler vi i virkeligheden ikke den smerte, som en anden gennemgår, men vi handler, som om vi gør det - hjælper dem på alle tænkelige måder. Amma siger, at ved at handle på måder, der afspejler et udvidet syn på tingene, så vil vores sind også gradvist udvide sig og blive mere rummeligt. Det er uden tvivl en del af motivationen bag Ammas godgørende projekter, som bygger på uselvisk tjeneste. Amma ønsker at hjælpe de fattige, syge og lidende, men hun ønsker også at skabe muligheder for, at hendes disciple og devotees kan engagere sig i aktiviteter, der vil hjælpe dem til at opnå en indre transformation.

Handling versus ikke-handling

Mange mennesker tror fejlagtigt, at det er meningen, at man i jnana yoga skal afstå fra alle former for handlinger. Selv i gamle dage fandtes denne misforståelse. I selveste Gitaen siger Sri Krishna meget klart det følgende til Arjuna:

kim karma kim-akarmeti kavayo'pyatra mohitāḥ |

Hvad er handling? Hvad er ikke-handling? Selv vise mænd er forvirrede angående svaret.

Bhagavad-Gita, 4.16

Krishna fortsætter så med at forklare, at det, der menes med at "opgive handlinger", er, at man skal opgive ideen om, at man er sammensætningen af krop og psyke - det betyder ikke, at man bogstavelig talt skal forsøge at afstå fra at handle. Krishna forklarer dette gennem et vers, der lyder lidt som en gåde:

karmaṇya karma yaḥ paśyedakarmaṇi ca karma yaḥ |
sa buddhimān-manuṣyeṣu sa yuktaḥ kṛtsna-karma-kṛt ||

Han, som ser ikke-handling i handling og handling i ikke-handling, er viis blandt mænd, han er en yogi og fuldfører af alt.

Bhagavad-Gita, 4.18

Ordene betyder, at den, som har opnået spirituel indsigt, ved, at selvom kroppen handler, og sindet tænker, forbliver bevidstheden - ens sande natur - for evigt uden handlinger. Og på den anden side forstår han, at selvom man tilsyneladende virker, som om man ikke handler - f.eks. når man sover, mediterer eller på anden måde sidder stille - så er man i den udstrækning, man stadig identificerer sig med sin krop og sit sind, endnu nødt til at lære at transcendere handling.

Så konkluderer Krishna til sidst angående betydningen af den type ikke-handlinger, der søges i det spirituelle liv:

karmaṇyabhipravṛttopi naiva kiṁcit-karoti saḥ ||

Selvom den vise er engageret i karma, gør han i virkeligheden intet.

Bhagavad-Gita, 4.20

Den fejlagtige antagelse af, at det spirituelle liv kulminerer i, at man befinder sig siddende i en tilstand, der virker katatonisk, eller generelt at man ikke gør nogen gavn, er noget, som Amma meget indtrængende forsøger at udrydde ved det eksempel, hun sætter med sit eget liv. Hun gør det via sine taler, hvor hun jævnligt forholder sig humoristisk til såkaldte vedantinere, som proklamerer *aham brahmasmi* - 'Jeg er Brahman' - men som alligevel beklager sig, hvis de ikke får serveret deres måltider og te til tiden. Hun kalder den slags vedantinere for 'bogorm-vedantinere.' Ikke alene er deres viden kun begrænset til bøger, men gennem deres hykleri ødelægger de også ånden i de bøger, de har læst. En ægte vedantin skal ikke kun tale, men også være i stand til selv at gøre det, han taler om.

Hvis vi ikke bliver vejledt af en sand guru, er det let for os at blive offer for vores kloge ego og begynde at manipulere med skrifterne, så de passer til det, vi er tiltrukket til og frastødt af. En gang blev en præst standset, fordi han kørte for hurtigt. Da politibetjenten gik hen til hans vindue, kom han med følgende citat: "Velsignede er de barmhjertige, for de skal opnå barmhjertighed."

Politibetjenten gav ham en bøde og svarede tilbage med følgende citat: "Gå så og synd ikke mere."

Amma siger, at den, der virkelig kender atma, vil være mere ydmyg end den ydmygeste, fordi han ser den iboende guddommelighed i alt. Er det ikke, hvad vi ser i Ammas væremåde? Under Devi Bhava kaster hun et væld af blomsterblade hen over alle. Hvorfor? Vi ser det som en form for velsignelse, men set med Ammas øjne så er det helt enkelt en tilbedelse af Gud - som sker ved at ofre blomster til tusinder af manifestationer af det guddommelige. Som Amma en gang svarede, da en journalist spurgte, om hun blev tilbedt af sine devotees: "Nej, nej, det er den anden vej rundt. Jeg tilbeder dem." Forståelsen af 'Ikke alene er jeg selv Brahman, men det er alle andre også' er den ultimative kilde til Ammas ydmyghed. Det er grunden til, at vi konstant ser Amma bøje sig i ærbødig hilsen - for ting der ofres til hende, for sine devotees og besøgende, for et glas vand man rækker hende, for alt. Desværre ser man også mange vildfarne søgende, som bliver mere og mere arrogante for hver Upanishade, de studerer. Det er ikke skrifterne, der tager fejl, men de søgende. Nogle gange siger Amma i spøg, at hvis man kalder en vedantin, som ikke kan gå `den vej, han taler om´ for en 'vedantin,' svarer det til at kalde en krøbling for 'Nataraja' eller en skeløjet kvinde for 'Ambujaksi'[15].

Jeg kan huske en gang, hvor en ny brahmachari spurgte Amma, om der kommer et tidspunkt, hvor man bare er nødt til at aflægge et løfte om at holde op med at handle, eller om handlingerne forsvinder naturligt af sig selv. For at bidrage til fuldstændig at fjerne den unge mands misforståelse, husker jeg, at Amma svarede: "Sri Krishna holdt aldrig op med at handle, og det har Amma heller aldrig gjort. Det er ikke handlingen, som opgives. Det er ideen om, at man er kroppen, som udfører handlingen, som opgives."

---

[15] Almindelige indiske navne. Nataraja er et navn for Herren Shiva, der betyder: 'Dansens Herre. Ambujaksi, et navn for Devi, der betyder: "Hun, der har øjne som lotusblomster."

Men det er i endnu højere grad gennem måden, Amma lever sit liv, end gennem ord, at hun bekæmper denne misforståelse. I Amma finder vi én, som virkelig udstråler den højeste viden i hvert af sine ord, blikke og bevægelser. Hendes viden er uden fejl. For Amma findes der intet andet end guddommelig lyksalighed. Bjergene, himlen, solen, månen, stjernerne, mennesker og insekter - for Amma er de alle kun forskellige lysstråler, som afspejler de uendelige facetter af den bevidsthedens diamant, som hun ved, er hendes eget Selv. Sandheden er, at hvis Amma ønskede det, kunne hun meget let lukke sine øjne og ignorere de småting, vi kender som navne og former, og anse dem for ikke at være meget vigtigere end de skiftende skyformationer på den uendelige himmel. Alligevel har hun aldrig gjort det, og det vil hun heller aldrig gøre. I stedet går hun ned på samme niveau som dem, der stadig skal opnå hendes forståelse af tingene. Hun holder om os, tørrer vores tårer, lytter til vores problemer, og langsomt men sikkert løfter hun os op. For Amma er den slags handlinger i virkeligheden slet ikke handlinger. Til trods for at hun dedikerer hvert eneste øjeblik af sit liv til at hjælpe menneskeheden, ved Amma godt i sit hjerte, at hun altid har været og altid vil være uden handlinger. For Amma er dette vedanta.

❧

Kapitel 10

Befrielse mens vi er i live og bagefter

Jivanmukti er ikke noget, som skal opnås efter døden,
ej heller noget, der skal erfares eller skænkes til dig i
en anden verden. Det er en tilstand af fuldkommen
opmærksomhed og ligevægt, som kan erfares her og nu
i denne verden, mens vi lever i kroppen. Efter at have
erfaret denne højeste sandhed af enhed med Selvet,
behøver sådanne velsignede sjæle ikke at blive født igen.
De smelter sammen med den uendelige bevidsthed.

– Amma

Når vi først fuldstændigt har tilegnet os *atma jnana* [viden om Selvet], er vi nået til det punkt, hvor det spirituelle liv kulminerer - den totale transcendens af al smerte. Når vi forstår, at vi ikke er kroppen, sindet eller intellektet, men den altgennemtrængende, evige og lyksalige bevidsthed, er der ikke længere noget formål med at lide under de forskellige psykiske vanskeligheder, som er menneskehedens forbandelse. Hvis vi forstår, at Selvet er kilden til al lyksalighed, hvad er der så tilbage at ønske? Når vi indser, at alle andre er en udvidelse af vores eget Selv, hvem skal vi så være vrede på? Hvem er der at være misundelig på? Med hensyn til verden er der overhovedet ikke nogen yderligere form for vildfarelse. Vi vil blive evigt frie og lyksalige. Dette skift i identifikation skal være vedvarende.

197

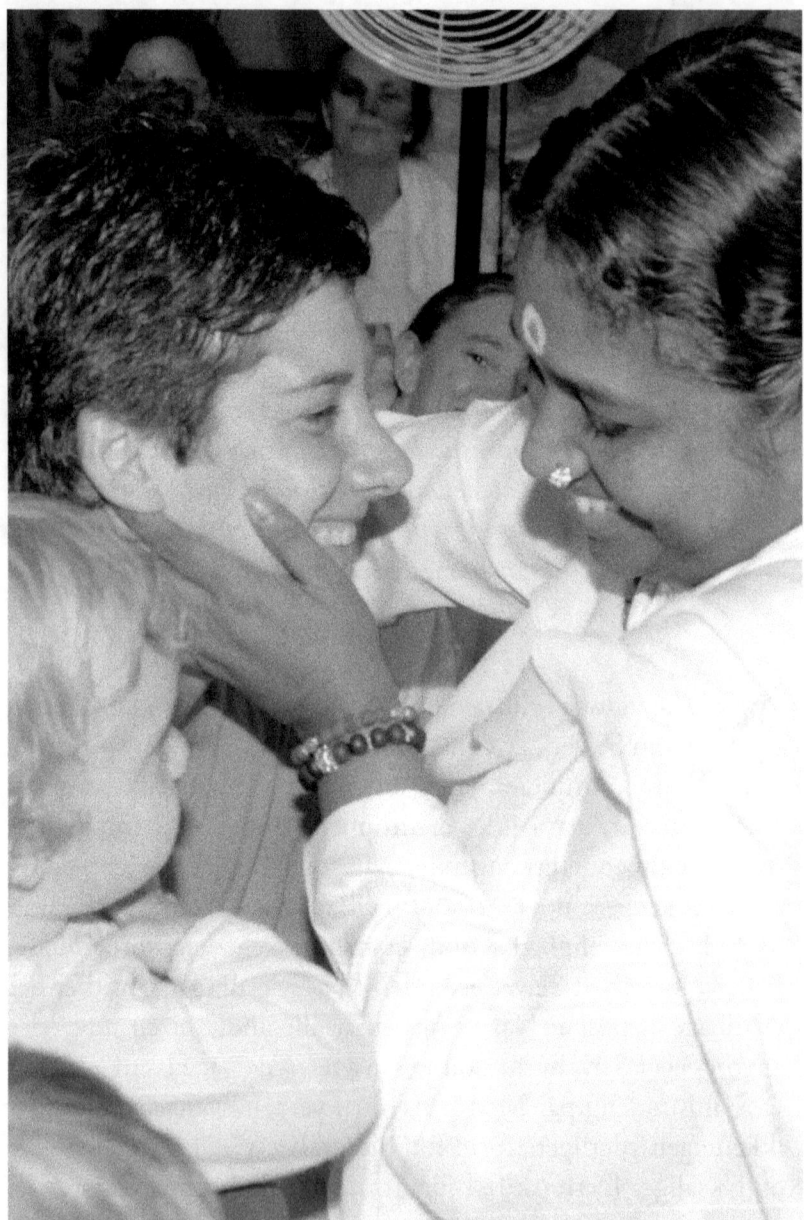

Herefter kan vi hverken se os selv eller verden, som vi gjorde før. Vores 'visdomsøje' er blevet åbnet og kan aldrig lukkes igen. Det minder om den type billeder, der skaber illusioner - det er et billede, hvor der gemmer sig et andet billede indeni billedet. I starten ser vi kun det mest iøjnefaldende billede - måske en skov. Uanset hvor meget vi anstrenger os, formår vi ikke at se ansigtet på en mand mellem alle træerne. Andre mennesker, der står lige bag ved os, siger: "Hvad *mener* du med, at du ikke kan se det? Det er lige *dér!*" Men alligevel er skoven stadigvæk det eneste, vi kan få øje på. Vi prøver og prøver, men alligevel ser vi kun træerne. Og så pludselig ser vi det - mandens ansigt. Fra da af ser vi mandens ansigt mellem træerne, hver gang vi kigger på billedet. Så kommer der en ny person hen til billedet og forsøger at få øje på ansigtet, men han er ikke i stand til at se det, og nu er vi selv blevet en del af den gruppe, der står bag ham og siger: "Kom *nu!* Det er så tydeligt! Det er lige *der.* Kan du ikke se det?" Sådan er det med selvrealisering. Når først vi har tilegnet os denne viden fuldstændigt, er der ingen vej tilbage. Vi er frie og fredfyldte for evigt. Man kalder denne tilstand for *jivanmukti* - befrielse, mens man stadig er i live.

Jivanmukti er et skift i indsigt - ikke af det helt fysiske syn. Vi ser stadig en dualistisk verden - bjerge, floder, træer, gamle mennesker, unge mennesker, mænd, kvinder osv. - men alligevel fastholder vi hele tiden forståelsen af, at disse ting kun er skiftende navne og former ovenpå et evigt grundlag af ren bevidsthed. Det svarer til 'billedet inde i billedet.' Det er ikke sådan, at når vi først kan se ansigtet, så kan vi ikke længere få øje på træerne. Vi kan stadigvæk godt se dem tydeligt, men mandens ansigt, der kigger ud på os, er der også hele tiden. Amma sammenligner ofte 'indsigten' med, hvordan man altid er opmærksom på, at alle former for guldsmykker essentielt set kun er guld. Vi har denne forståelse, men alligevel husker vi hver enkelt genstands forskellige funktion. Tå-ringen skal sidde på tåen, ankelringene skal sidde rundt om anklerne, halskæden om halsen, armbåndet om håndleddet, ørenringene i ørerne, næseringen i næsen. Fordi vi ved, at alle smykkerne er lavet af guld, vil vi yderligere anse dem alle for at være dyrebare og tage yderst godt vare på dem. Er det ikke lige præcis det, vi ser Amma give udtryk for? Hun ser alle vores forskelle og relaterer sig til os på forskellige måder, som baserer sig på vores forskellige personligheder og sindstilstande, og alligevel ser hun altid guldet i hver enkelt af os. Således er hver af os lige dyrebar set med hendes øjne. En *jivanmukta* har netop sådan et syn på verden omkring sig.

Det er samme perspektiv på en jivanmukta, der præsenteres i Bhagavad-Gita verset, som traditionelt reciteres før måltider:

brahmārpaṇaṁ brahma havir brahmāgnau brahmaṇā hutaṁ |
brahmaiva tena gantavyaṁ brahmakarma samādhinā ||

Brahman er giveren, Brahman er madofferet, af Brahman
ofres det i Brahmans ild; ind i Brahman går i sandhed
den, som alene ser Brahman i sine handlinger.

Bhagavad-Gita, 4.24

Skønheden i verset er, at vi ved at bruge et vedisk ritual som metafor erkender, at alle elementer i enhver form for handling essentielt set udelukkende er bevidsthed - handlingens redskab (her ofringens øseske), handlingens direkte objekt (selve ofringen), handlingens subjekt (den der udfører offeret), stedet hvor handlingen foregår (ildstedet, som modtager offeret), såvel som resultatet af handlingen (den fortjeneste der opnås gennem ofringen). Det er meningen, at vi skal udvide denne opfattelse til at gælde alle redskaber for handlinger, objekter for handlinger, subjekter for handlinger, steder hvor handlinger foregår og resultater af handlinger - dvs. ethvert aspekt af alt der finder sted under solen. Vi reciterer dette vers, før vi spiser som en form for *nidhidhyasana* [tilegnelse] - hvor vi minder os selv om, at skeen er Brahman, maden er Brahman, den spisende er Brahman, fordøjelsessystemet er Brahman. Og vi husker, at tilfredsstillelsen, vi får, efter at vi har spist, også er Brahman. Millioner af mennesker over hele verden reciterer dette *mantra* hver gang, de sætter sig ned for at spise et måltid, men hvor mange reflekterer i virkeligheden over betydningen? Med en lille smule opmærksomhed kan sådanne mantraer blive kraftfulde måder at huske vores sande naturs pragt.

Et inspirerende eksempel

Som Ammas børn er vi meget heldige, fordi vi har et levende eksempel på en realiseret sjæl som Amma, der lever blandt os. Hvert eneste af Ammas ord og handlinger tjener til at minde os om livets ultimative mål og inspirere os til at søge det. Hvis et barn er vokset op i et nabolag, hvor ingen nogensinde er blevet til noget, er det meget svært for ham at tro på, at han nogensinde selv kan blive til noget. Men hvis nogen, som kommer fra dette miljø, på en eller anden måde frigør sig fra det og f.eks. bliver landets præsident, bliver det en stor inspirationskilde for alle, der kommer derfra. Det er næsten, ligesom den gang Roger Bannister slog verdensrekorden og løb en engelsk mil på under fire minutter. Før Bannister var det den gængse antagelse, at intet menneske var i stand til at løbe en mil på under fire minutter. Men efter at Bannister gjorde det i 1954, var der pludselig flere andre, som hurtigt fulgte i hans fodspor. Vi skal således aldrig undervurdere de levende eksemplers kraft.

Derfor transformerer det os at *se* et oplyst væsen. Og uden tvivl finder der en forandring sted, når vi ser på Amma og observerer hende - den kærlighed hun udstråler, medfølelsen i hendes smil, ømheden i hendes blik. Det skyldes, at vi står ansigt til ansigt med det levende bevis på vores fulde potentiale. Indtil vi er vidne til nogen som Amma, hvem kan så bebrejde os for at anse den selvrealiserede tilstand for at være noget nær en myte? I Amma finder vi et menneske, som lever et liv, hvor atma jnana har båret fuldstændig frugt - ingen vrede, intet had, ingen misundelse, ingen selviske ønsker, kun medfølelse for alle og enhver. Hun er fredfyldt og lykkelig, uanset hvordan de ydre omstændigheder er. Dette er alt sammen de direkte resultater af hendes krystalklare forståelse af, hvad hun er, og hvad hun ikke er.

Sand frihed

I vore dage taler mange mennesker om frihed. Ingen ønsker, at andre skal fortælle dem, hvad de skal gøre. Vi ønsker at komme og gå, som det behager os. Vi ønsker selv at afgøre, hvilket tøj vi skal have på, hvordan vores hår skal klippes, hvilken slags venner vi har, hvem vi bliver gift med, hvem vi bliver skilt fra osv. På én måde kan vi kalde det frihed, at vi selv har mulighed for at træffe den slags valg. Men er vi virkelig frie? Hvis vi gransker det nærmere, finder vi ud af, at det individ, som træffer disse personlige valg, blot er slave af det, han er tiltrukket til og frastødt af. Hvis vores sande natur er hinsides sindet, er det så ikke lidt mærkeligt, at vi tillader sindet at styre vores liv?

Amma påpeger, at mens vi er 'frie' til at handle ud fra, hvad vi er tiltrukket til og frastødt af, er vi ikke frie, når det gælder den måde, vi reagerer på frugterne af disse handlinger. For eksempel har vi friheden til at barbere hovedet, få en hanekam og farve den lilla, men når alle griner af os, er vi så stadig frie til selv at afgøre, hvordan vi vil reagere? Nej, så føler vi os kede af det, vrede, forlegne osv. Vi mangler den frihed, der sætter os i stand til at respondere på latterliggørelse med glæde. Så Amma siger, at i bedste fald er vores frihed begrænset. Men en jivanmukta derimod, har både friheden til at afgøre, hvordan han handler, såvel som hvordan han responderer på resultatet af sine handlinger.

Jeg husker, at Amma en gang fortalte en vittighed om dette, efter at hun havde set nogle amerikanske devotees, som kom til darshan med hanekam. "I dag kigger de ældre på de unges vilde frisurer og griner," sagde hun. "På samme måde kigger de unge på de traditionelle frisurer, som gamle mennesker har - såsom at bære en sikha [hårtot] - og de griner af det. Men både unge og gamle griner, når de ser en kronraget *sannyasi*!! I det spirituelle liv skal vi være ligesom det kronragede hoved - vi skal ofre os selv for at glæde andre."

Kun når vi opnår jivanmukti og ikke identificerer os med sindet, kan vi virkelig kalde os frie. I den tilstand styrer indtryk fra fortiden os ikke længere. Det er ikke sådan, at vi bliver mindre begavede og ude af stand til at huske, at man kan brænde sig på ild. Det forholder sig snarere sådan, at vi møder hver oplevelse med en frisk og fordomsfri indstilling. I sådanne individer ser vi, at livet ikke længere handler om at opnå ting for egen vindings skyld, men om at opnå ting på andres vegne - om at give snarere end om at modtage. Tidligere arbejdede vi for at opfylde vores egne materielle ønsker. Nu arbejder vi for andre og føler os lykkelige. Tidligere fulgte vi *dharma* som en del af vores vej til befrielse. Nu overholder vi dharma for at være lysende eksempler, der kan vise andre vej i verden - for at bringe fred og glæde til andre. Som Krishna siger:

saktaḥ karmaṇyavidvāṁso yathā kurvanti bhārata |
kuryādvidvāṁstathāsaktaḥ cikīrṣurloka-saṁgraham ||

Åh Arjuna, som de uoplyste handler ud fra tilknytning til handlinger, skal de oplyste handle uden tilknytning og med ønske om verdens velfærd.

Bhagavad-Gita, 3.25

203

Amma siger, at hun faktisk siden selve fødslen har været fuldt opmærksom på sin guddommelige natur, og dette ser vi afspejlet i, hvordan hun har handlet hele sit liv. Aldrig har man set et mere dharmisk individ. Selv som lille pige tjente hun de syge og fattige, og hun tog så lidt som muligt fra verden og gav så meget som muligt. I dag har hun viet hele sit liv til ikke bare at velsigne folk personligt gennem sin darshan. Hun leder også en multinational organisation baseret på frivilligt arbejde. Hun er ansvarlig for velgørende hospitaler, hospicer, børnehjem, plejehjem, uddannelsesinstitutioner, hjem-til-hjemløse programmer, velfærdsprogrammer, mobile lægehuse, nødhjælpsindsatser... listen er endeløs. Intet af dette fødes ud af et tomrum i Amma, som hun forsøger at udfylde ved at gøre gode gerninger. Det udspringer snarere af et uselvisk ønske om at inspirere verden gennem sit eget eksempel. Sådan tilbringer en jivanmukta den resterende del af sit liv - i lyksalig stræben efter at tjene og opløfte sine medmennesker. Når vi helt og fuldt forstår, at den lyksalighed, vi har søgt gennem den ydre verden, faktisk kommer indefra, betyder det ikke, at vi holder op med at handle. Det betyder kun, at vi vil holde op med at handle for at opnå lykke. Når vi forstår, at vores pen ikke kun er en fjerpen men en fyldepen med sit eget evigt strømmende reservoir af blæk, vil vi så blive ved med at dyppe fyldepennen i et lille blækhus? Selvfølgelig ikke. Alligevel vil vi forsætte med at skrive. Det samme gælder for en jivanmukta.

Videha-mukti

Skrifterne forklarer, at når en jivanmukta når til afslutningen af sit liv, opnår han *videha-mukti*. Videhamukti betyder 'frihed fra kroppen.' For virkeligt at forstå dette, er vi først nødt til at kigge på, hvad der sker efter døden med én, som *ikke* har opnået selvrealisering.

Helgener og vismænd forklarer os, at livsforløbet i dette menneskeliv og i følgende liv er formet af frugten af ens handlinger. Når som helst vi handler, er der to resultater - et synligt resultat og et usynligt resultat. Det synlige resultat følger de love, der gælder i samfundet, naturen og fysikken osv. Det usynlige resultat manifesterer sig ifølge mere subtile lovmæssigheder og er baseret på motivationen bag vores handling. Hvis motivationen var nobel og uselvisk, vil den tilsvarende usynlige frugt være *punya* - et positivt resultat. Hvis motivationen ikke var god og nobel, men selvisk og skadelig for andre, så vil den være *papa* - negativ. De synlige resultater viser sig mere eller mindre med det samme. Hvornår de usynlige resultater følger, kan ikke forudsiges. Det tager den tid, det tager, inden de dukker op - måske i dette liv, måske i det næste - og her fremtræder de tilsvarende som enten fordelagtige eller ufordelagtige livsbetingelser.

Lad mig komme med et eksempel på dette princip. Hvis jeg skubber til en mand, er det synlige resultat, at han bevæger sig i den retning, jeg skubbede ham. Lad os forestille os, at jeg skubbede manden af toget, fordi jeg ønskede at skade ham. I dette tilfælde var handlingen ikke god og nobel, og når tiden er inde, vil et negativt resultat helt sikkert manifestere sig. Måske vil der i et fremtidigt liv være nogen, der skubber mig af et hurtigtkørende tog. Men hvis jeg i stedet havde skubbet manden af toget, fordi det var ved at eksplodere, og jeg ønskede at frelse hans liv, ville handlingen være nobel, og det ville med tiden frembringe et positivt resultat. Måske ville der også en dag være nogen, som reddede mig fra en stor fare.

I løbet af livet bliver alle sådanne handlinger registreret. Som Amma siger: "I løbet af hele vores liv, vil alle vores tanker og handlinger blive optaget af et subtilt lag, som fungerer på samme måde som en båndoptager. Som følge af de indtryk, man har samlet gennem sit liv, vil en *jiva* [individet] få en anden krop, og

205

her vil konsekvenserne af de indtryk, der er blevet optaget, blive genudspillet."

Disse former for karma, der er blevet optaget, kan inddeles i tre kategorier: *prarabdha karma, sancita karma* og *agami karma*. Sancita karma er mængden af hele vores karma - god og dårlig. Den rummer indtryk fra handlinger, vi har udført gennem utallige liv. Prarabdha karma er den del af vores karma, som er udvalgt fra hele lageret af sancita-karma, for at modnes i dette liv. Det er vores prarabdha karma, som afgør, hvor vi er født, hvilke forældre, hvilke brødre og søstre vi får, hvordan vi ser ud osv. Den afgør også, hvornår og hvordan vi kommer til at dø. Endelig er agami karma resultatet af de handlinger, vi udfører i dette liv. Nogle af disse bærer måske allerede frugt i dette liv. Ved vores død vil balancen smelte sammen med hele beholdningen af sancita-karma.

Hvis vi undersøger denne cyklus, er det let at se, at der ikke findes nogen ende på den. Det er ikke muligt at tale om at udslukke al ens karma, fordi man hele tiden skaber ny karma hver dag. Så i denne forstand er det ikke korrekt at tale om at 'brænde al sin karma'. Det kan aldrig ske. Den uoplyste sjæls vej er en evig cyklus af fødsel og død, som kaldes for *samsara*-cyklussen.

Derimod er en jivanmukta i stand til at transcendere karma. Cyklussen vil måske stadig fortsætte, men han kan, om man så må sige, springe af den. Det er, fordi han har foretaget et skift, hvor han ikke længere er identificeret med krop, sind og intellekt men i stedet med bevidstheden. I bevidsthed findes der intet ego - ingen fornemmelse af at være en adskilt personlighed, som gør det ene og nyder det andet. Punya og papa - synd og fortjeneste - skabes kun, når man fungerer ud fra egoets standpunkt. Så straks efter selvrealiseringen hører man op med at samle ny karma.

Til forskel fra resten af os, vil en jivanmukta efter sin død ikke fødes igen. I og med, at en jivanmukta allerede er identificeret med den altgennemtrængende bevidsthed, mens han befinder sig i kroppen, er der intet sted at gå hen efter døden. Han smelter helt enkelt sammen med den højeste virkelighed - med hvilken han allerede havde identificeret sig. Selvom han måske har æoner af karma tilbage i hele lagerbeholdningen af sancita karma, så har sancita ikke længere noget mål at ramme. Selve målet er forsvundet. Når man vågner fra en drøm, skal man så betale de lån tilbage, man optog i drømmen? Selvfølgelig ikke. Sådan er det også med sancita karma, når en jivanmuktas krop dør. Hermed er der kun prarabdha karma tilbage. Ifølge skrifterne vil en jivanmukta fortsætte med at opleve prarabdha karma, indtil sin død. Amma forklarer ofte dette koncept med det eksempel, hvor ventilatoren i loftet fortsætter med at dreje i et stykke tid, selvom der er blevet slukket for strømmen. Faktisk er det kun på grund af prarabdha karma, at man overhovedet fortsætter med at leve. Det er mere eller mindre vores prarabdha, der afgør tidspunktet, vi dør på og årsagen til, at vi dør. Vores sidste åndedrag indfinder sig, når den er udtømt. Men på grund af at der er en identifikation med bevidstheden og ikke med kroppen, er en jivanmukta ikke særlig påvirket af nogen prarabdha. Fysisk smerte er fysisk smerte, og det må han udholde. Men i og med at han ved, at han ikke er kroppen, vil smerten i vid udstrækning blive dæmpet. Herudover siger Amma, at han har kraften til at trække sit sind tilbage fra sanserne, når han ønsker det.

Ved at kigge på vores egne liv, indser vi, at fysisk smerte ikke er den største årsag til vores lidelse. For det meste er det den følelsesmæssige smerte, som ledsager den fysiske smerte, der er værst – frygten, anspændtheden og bekymringen. For eksempel kan vi forestille os, at vi en dag, mens vi er på vej hjem, bliver angrebet. Overfaldsmanden slår os i hovedet og stjæler vores tegnebog. Den fysiske smerte er ikke så forfærdelig. Inden for nogle få dage vil vi have fået det bedre. Men frygten kan leve videre i os i årevis, måske endda hele livet. Eller måske bliver vi diagnosticeret med en dødelig sygdom. Selvom det kan være, at der vil gå en del år, før sygdommen begynder at manifestere sig i form af alvorlige ydre symptomer, kan anspændtheden og frygten for fremtiden alligevel tynge os i hver eneste af vores vågne timer og nedbryde vores evne til at nyde livet. Så en jivanmukta vil opleve øjeblikkets smerte, men ikke ængstelsen og frygten, der går forud for den og vedligeholder den.

Set fra et andet perspektiv kan vi også sige, at der ikke er nogen prarabdha for en jivanmukta. Hvordan kan vi påstå det? Fordi en jivanmukta ikke på nogen måde anser sig selv for at være sin krop. Han anser ikke sig selv for at være noget andet end evig, lyksalig bevidsthed. Der findes ingen prarabdha karma for bevidstheden - det har der aldrig gjort, og det vil der aldrig gøre. Det forholder sig faktisk sådan, at for den, som virkelig er begyndt at identificere sig med atma, kan der hverken være tale om 'befrielse' eller om 'binding.' Det lyder ret mærkeligt, men i atma jnana indser man, at man aldrig var bundet til at begynde med. Bevidsthed kan aldrig bindes. Det var kun et sind, der var bundet, og jivanmukta har forstået, at han ikke er sindet og heller aldrig nogensinde har været det. I den forstand eksisterer forskellen på en jivanmukti og en videhamukti kun ud fra perspektivet hos dem, som endnu står for at opnå selvrealisering. Den, som har atma jnana forstår sig selv som værende 'fri fra kroppen,' selvom kroppen stadig er i live. For ham er alle kroppe den samme. Han identificerer sig ikke mere med 'sin' krop end med nogen andens krop. Som han ser det, er han ikke i kroppen, alle kroppe er i ham. Det er det, Amma mener, når hun siger: "Denne synlige form, kalder folk 'Amma' eller 'Mata Amritanandamayi Devi,' men det iboende Selv har intet navn og ingen adresse. Det er altgennemtrængende."

Denne forståelse vil komme til os alle. Det lover både skrifterne og Amma os. "Det er kun et spørgsmål om tid," siger Amma. "Denne realisering har allerede fundet sted for nogle; for andre kan den ske hvert øjeblik, det skal være; og for atter andre vil det ske senere. Bare fordi det endnu ikke er sket eller måske ikke sker i dette liv, så tro ikke, at det aldrig vil ske. Indeni dig findes en kolossal viden, som venter på din tilladelse til at folde sig ud." Der findes intet mere dyrebart end en levende *sadguru* som Amma og hendes nærvær og lære. I denne forstand lever vi alle et liv, der er gennemtrængt af nåde. Hvor meget vi gør os tilgængelige for denne nåde er op til os. Vores 'tilladelse til at udfolde os' er vores oprigtighed - vores anstrengelser for at tune vores sind ind til Ammas, til at knytte vores liv til Ammas, til at opløse vores selviskhed i hendes uselviske guddommelige vilje. Når vi gør det, vil vi finde ud af, at Amma er som en katalysator - hun fremskynder vores udfoldelse og tilskynder os til at bevæge os fremad hen ad denne tidløse vej.

|| oṁ lokāḥ samastāḥ sukhino bhavantu ||

Om. Må alle skabninger i alle verdener
være lykkelige og fredfyldte.

ℰℐ

Guide til udtale

Gud forstår vores hjerte. En far ved godt, at babyen
kalder på ham, og han nærer kærlighed til den, uanset
om den kalder ham 'Fader' eller 'Dada.' På samme
måde er hengivenhed og koncentration det vigtigste.

– Amma

De bogstaver, som har en prik forneden (ṭ, ṭh, ḍ, ḍh, ṇ) er konsonanter, der udtales med tungespidsen rettet mod ganen. Bogstaver uden sådanne prikker forneden er konsonanter, der udtales med tungespidsen mod tænderne i overmunden. Generelt udtales konsonanterne med meget lille tryk, medmindre de umiddelbart efterfølges af et h (kh, gh, th, dh, ph, bh, etc.), i hvilket tilfælde trykket er stærkt.

a	som 'er ' i mudd*er* (kort vokal)
ā	som 'ar' i *Ar*ne, (lang vokal)
i	som 'i' i m*i*t (kort vokal)
ī	som 'i' i l*i*ge (lang vokal)
u	som 'u' i d*u* (kort vokal)
ū	som 'u' i l*u*ne (lang vokal)
e	som 'e' i m*e*ne (altid langt på sanskrit)
o	som 'o' i *O*le (altid langt på sanskrit)
ai	som 'ej' i n*ej*e (j udtales som et kort i)
au	som 'au' i s*au*na
ṛ	som 'ri' i *ri*s (sædvanligvis uden rul)
kh	som 'k' i *k*asse (meget luft ud på k)
gh	som 'g' i *g*å (meget luft ud på g)
ṅ	som 'ng' i ma*n*ge (ṅgṅg betyder, at lyden udtales to gange i træk)
c	som 'c' i engelsk udtale af *c*ello (c # tj)
ch	som 'ch' i *Ch*ile (meget luft på ch)
jh	som 'j' i *j*azz (d+j) (meget luft på d+j)
ñ	som 'nj' i ba*nj*o

th	som 'th' i *th*e (meget luft på 'th'. Tungespidsen berører fortænderne i overmunden)
dh	som 'dh' i det engelske ord ma*dh*ouse (meget luft ud på 'dh'. Tungespidsen mod fortænderne i overmunden)
ph	som 'p' i *p*ol (p+h)
bh	som 'bh' i klu*bh*us
v	som 'v' i ha*v*n (nærmere et dobbelt w)
śa	som 'sj' i rama*sj*ang
ṣa	som 'sh' i det engelske ord *sh*ut
ḥ	den foregående vokal laver ekko efter 'h'

Ordliste

ahimsa: At praktisere ikke-vold.

Amrita Niketan: Et børnehjem i Parippali i Kollam-distriktet i Kerala, som er grundlagt og administreret af Mata Amrtanandamayi Math.

Amritapuri: Ammas hovedashram, som befinder sig i Parayakadav, Alappat Pancayat i Kollam-distriktet i Kerala.

anadi: Uden begyndelse.

ananta: Uden ende, grænseløs, uendelig.

anatma: 'Ikke atma' - det, der er noget andet end Selvet; det, som undergår forandringer.

anjali mudra: En ærbødig måde at hilse på, hvor man samler håndfladerne, hvilket symboliserer lotusblomstens knop.

aparigraha: At undlade grådigt at samle ting sammen, at afstå fra at tage det, som ikke er essentielt for ens liv. Det er den sidste af de fem yamaer i Patanjalis ashtanga-yoga system.

archana: Tilbedelse gennem ofring af mantraer. Hvad angår Ammas ashram henviser ordet til chanting af Ammas 108 navne og Lalita Sahasranama.

Arjuna: En af hovedpersonerne i Mahabharata, som bliver Krishnas discipel og modtager Bhagavad-Gitas visdom.

artharthi bhakta (artharthi): En person, hvis tilbedelse udspringer af bønner om at opnå velsignelser.

asteya: Ikke at stjæle, den tredje af de fem yamaer i Patanjalis astanga-yoga system.

astanga yoga: 'De otte lemmers yoga,' navnet på et yoga-system med otte trin, som er grundlagt af vismanden Patanjali.

avastha-traya viveka: At skelne mellem bevidstheden i sindets tre tilstande (den vågne tilstand, drømmetilstanden og tilstanden af dyb søvn).

Adi Shankaracarya: Den Mahatma, som har været ansvarlig for at konsolidere Advaita Vedanta-skolens filosofi. Blandt hans mest vigtige bidrag er kommentarerne til 10 Upanishader, Bhagavad-Gita og Brahma Sutraerne.

adityas: Halvguder, børn af Kasyapa og Aditi.

agami karma: Fortjenester og forseelser, der er akkumuleret ved vores handlinger i den nuværende livstid.

akasa: Rummets element.

arati: Et ritual, hvor man ofrer brændende kamfer foran en statue, et billede eller en mahatma; også en sang, som bliver sunget ved udførelsen af dette ritual.

arta bhakta (arta): En person, hvis tilbedelse af Gud er baseret på bønner om at få fjernet lidelse.

asana: En siddestilling, et stræk eller en stilling, der knytter sig til *yoga*.

asuri sampat: Dæmoniske eller negative egenskaber.

asram: Et hinduistisk kloster, hvor en *guru* bor med sine disciple. Ét af livets stadier.

atma: Selvet - den evige, lyksalige bevidsthed, som gennemtrænger og oplyser sindet, kroppen og universet.

atma-anatma viveka: At skelne mellem det, der er atma (uforanderligt vidne), og det der ikke er atma (alle ting, der er genstand for forandringer.)

atma jnana: Viden om Selvet.

atma samarpanam: Overgivelse af Selvet.

atma puja: Et ritual, som udføres og guides af Amma før Devi Bhava.

Bhagavad-Gita: Bogstaveligt betyder det 'Herrens sang.' Det er en tekst bestående af 700 vers, som har form som en samtale mellem guruen Krishna og disciplen Arjuna. Den anses for at være en af de tre hovedskrifter inden for hinduismen.

bhajan: Hengiven sang; tilbedelse.

bhakti: Tilbedelse.

bhava: Tilstand af meditativ enhed med det guddommelige, til tider særligt med et af aspekterne i det guddommelige.

Bhuta Yajna: At tilbede Gud gennem beskyttelse af flora og fauna, en af *panca maha-yajnaerne.*

Brahma Sutras: 555 aforismer, der blev skrevet af Veda Vyasa, og som tilfører kontekst og system til Vedaernes lære om den ultimative sandhed. Blandt de tre fundamentale skrifter inden for hinduismen.

Brahma Yajna: At tilbede Gud ved at huske guruen og vedaerne, en af *panca maha-yajnaerne.*brahmacari: En ugift discipel eller studerende, der lever i cølibat og modtager undervisning af en guru.

brahmacarya: Cølibat, den fjerde af de fem *yamaer* i Patanjalis *ashtanga-yoga* system.

brahmacarya asrama: Det første stadie i det traditionelle vediske liv, hvor man lever sammen med en *guru*, som man modtager undervisning af.

Brahman: Den altgennemtrængende, evige, lyksalige bevidsthed, som gennemtrænger individet og universet; ifølge Vedanta-filosofien er dette den ultimative virkelighed.

brahmin/brahmana: Et medlem af præstekasten.

Brihaspati: En halvgud, som anses for at være *guru* til alle halvguderne.

buddhi yoga: 'Intellektets *yoga*' - et begreb, Krishna knytter til *karma yoga* indstillingen i Bhagavad-Gita.

chakra: Bogstaveligt talt betyder det 'hjul'; et nervebundt bestående af subtile nerver, som tidligere er blevet beskrevet i *yoga*, *kundalini* og *tantra* systemerne.

dama: Kontrol over sanserne.

darshan: 'Helligt syn' - specifikt at opnå audiens hos en gud, *guru* eller *mahatma*; Ammas omfavnelse.

deva: Gud; halvgud.

devata: Halvguder.

Deva Yajna: En tilbedelse af gud, specifikt i form af naturkræfterne og elementerne; en af *panca maha-yajnaerne.*

Devi: Gudinden, universets guddommelige moder, den kvindelige manifestation af gud.

Devi Bhava: En særlig form for *darshan*, hvor Amma antager Devis påklædning og opførsel.

devotee: Intet dansk ord dækker betydningen af devotee, men hengiven, følger eller tilhænger er blandt de ord, der er mest dækkende.

daityas: Dæmoner, børn af *Kasyapa* og Diti.

daivi sampat: Guddommelige eller positive egenskaber.

dharma: Adfærdskodeks, som tager højde for opretholdelsen af harmoni i verden, samfundet og individet.

dharana: Sindets koncentrerede fokus på et objekt, det sjette trin i Patanjalis *astanga-yoga* system.

dhyana: Meditation, det syvende trin i Patanjalis *astanga-yoga* system.

drg-drsya viveka: At skelne mellem den, der ser (Selvet), og det der ses (ikke-Selvet).

Ganesa: En form for gud, der afbildes med et elefanthoved, og som enten symboliserer den højeste guddom eller en halvgud, som står for at fjerne forhindringer.

Gaudapadacarya: 'Grand-guru' til Adi Shankaracarya. Han er forfatter til de berømte kommentarer til Mandukya Upanishaden.

grihasta asrama: Livet som husholder - det andet stadie i det traditionelle vediske liv.

guru bhava: '*Guruens* tilstand af meditativ enhed med det guddommelige, som særligt udtrykker den undervisende og disciplinerende rolle.

guru seva: At udføre handlinger for at tjene efter *guruens* anvisninger eller som en ofring til guruen.

guru: En spirituel mester, som omsorgsfuldt underviser disciple.

hatha yoga: Fysiske stillinger og stræk som forbereder krop, energi og sind på meditation.

himsa: Vold.

Hanuman: En guddommelig abe, som indgår i den episke fortælling Ramayana, hvor den er fuldstændig hengiven over for samme. Han tilbedes af mange som en gud.

isvara pranidhanam: Overgivelse til herren, den sidste af de fem *niyamaer* i Patanjalis *astanga-yoga* system.

Integrated Amrta Meditation Technique®: Også kendt som IAM-teknikken®, en meditationsteknik, der er sammensat af Amma, og som Mata Amritanandamayi Math underviser i over hele verden.

japa mala: En halskæde med bønneperler, som bruges for at opnå koncentration og til at holde styr på antallet af mantraer, når man reciterer.

jijnasu: Et menneske, som besidder *jijnasa* - brænder efter viden om sandheden/gud.

jivanmukta: Et menneske, som har opnået *jivanmukti* tilstanden - frigørelse fra al lidelse, mens man stadig lever.

jivatma-paramatma-aikya jnana: Viden om at individets bevidsthed er den samme som universets bevidsthed.

jnana: Viden, som i særdeleshed relaterer sig til *atma*.

jnana yoga: En praksisform, hvor man lærer og tilegner sig spirituelle sandheder, som en levende mester underviser en discipel i.

jnanendriya: (*jnana* + *indriya*) 'Erkendelsesorgan,' sanseorganerne (ører, øjne, næse, tunge og hud.)

kabadi: En indisk sportsgren, hvor to hold indtager hver sin halvdel af en bane og skiftes til at sende en 'angriber' ind på det andet holds banehalvdel. Angriberen forsøger at bryde sig igennem og vende tilbage til sin egen banehalvdel, alt imens han under hele angrebet holder vejret.

Krishna: En af Guds inkarnationer i menneskelig form, som blev født i det nordlige Indien for omtrent 5000 år siden.

Krishna Bhava: En speciel form for *darshan*, hvor Amma antager sig Sri Krishnas klæder og opførsel.

kasaya: Den manglende evne til fuld fordybelse i meditation på grund af tilbageværende ønsker i den ubevidste del af sindet.

kottu kallu kali: En leg for børn, som minder om den engelske leg Jacks.

karika: Kommentarer skrevet i form af vers.

karma: Handling.

karma yoga: En indre holdning eller indstilling, som man indtager, mens man udfører handlinger og modtager deres resultater, hvorigennem man transcenderer tilbøjeligheden til at være tiltrukket til og frastødt af ting.

karma yogi: En som er engageret i *karma yoga.*

karmendriya: (*karma + indriya*) 'handleorganerne' (hænder, ben, tunge, kønsorganer og organer for udskillelse)

lakrya bodha: Konstant opmærksomhed på målet.

Lalita Sahasranama: En bøn med den Guddommelige Moders 1.000 navne, som beskriver hendes dyder og kvaliteter.

laya: At blandes med; søvn, en forhindring for meditation.

lila: Guddommelig leg, at se livet som en leg og handle på en ikke-tilknyttet måde.

Loka samgraha: At opløfte verden, en selvrealiseret sjæl handler udelukkende med dette for øje.

manana: Det andet trin i *jnana-yoga,* at fjerne enhver form for tvivl ved at reflektere og stille spørgsmål til *guruen.*

mantra: En hellig formular, som reciteres for at opnå koncentration i sindet.

mantra dikra: At blive initieret til et *mantra.*

Manurya Yajna: At drage omsorg for sine medmennesker som en form for tilbedelse, en af *panca maha-yajnaerne.*

Mahabharata: En omfattende episk fortælling, der blev skrevet af vismanden Veda Vyasa, og hvori Bhagavad-Gita findes.

mahatma: (*maha + atma*) stor sjæl, en guru, helgen, vismand osv.

ma: En stavelse, der symboliserer den guddommelige kærlighed. Den bruges i Ammas Ma-Om meditation.

Ma-Om Meditation: En meditationsteknik, der er udviklet af Amma, hvor man synkroniserer den indgående og udgående vejrtrækning med henholdsvis stavelserne *ma* og *om.*

manasa puja: At udføre formel og uformel tilbedelse i sindet.

marga: Vej.

marmika: En mester inden for videnskaben om vitale akupressurpunkter.

maya: Illusion. Det, som kun eksisterer midlertidigt og forandrer sig.

moksa: Befrielse.

mumuksutvam: Intenst ønske om befrielse.

Narayana: Et af guden Vishnus navne.

Nataraja: (*nata* + *raja*) 'dansens konge,' et navn for guden Shiva.

nidhidhyasana: Det tredje og sidste aspekt ved *jnana yoga*, tilegnelsen af det, man har lært.

nisiddha karma: Handlinger som forbydes af skrifterne.

niskama karma: Handlinger som foretages uden selvisk begær.

nirguna meditation: Meditation på *atma*, Selvet, som er uden nogen egenskaber.

niyama: En anbefalet regel, som er påkrævet for en yogi - det andet trin af Patanjalis *ashtanga-yoga* system.

Om: En hellig stavelse, som symboliserer både gud i en form og gud uden en form, essensen i Vedaerne.

padmasana: (*padma* + *asana*) 'lotusstillingen,' en meditationsstilling, hvor hvert ben hviler på det modsatte bens lår.

panca maha-yajnas: De fem store former for tilbedelse, som ifølge Vedaerne skal udføres hver dag af husholdningens overhoved, indtil man tager *sannyasa* eller dør.

parampara: Rækkefølge, særligt guru-discipel slægtslinjen.

Patanjali: En vismand fra første eller andet århundrede før vor tidsregning som var forfatter til Yoga Sutraerne såvel som vigtige tekster om sanskrit grammatik og *ayurveda* (traditionel indisk medicin).

pada puja: Rituel tilbedelse, hvor en *mahatmas* fødder (symbolet på viden om Selvet) vaskes rituelt med offergaver, der inkluderer rosenvand, ghee, honning, yoghurt, kokosmælk og mælk.

papa: Den synd, som opstår gennem selviske handlinger, der skader andre.

pitham: Det hellige sæde, hvorpå *guruen* traditionelt sidder.

Pitr Yajna: Ofringer til afdøde forfædre. At drage omsorg for de ældre som en form for tilbedelse, en af *panca maha-yajnaerne*.

pranam: At lægge sig ærbødigt foran fødderne som tegn på ydmyghed og respekt, også at lave *anjali mudra* eller røre ærbødigt ved fødderne.

prasad: En velsignet ofring, enhver føde der gives af guruen.

pratyahara: At trække sanserne tilbage fra sanseobjekterne, det femte trin i Patanjalis *astanga-yoga* system.

prana: Livskraften, åndedrættet.

prana viksana: At være vidne til åndedrættet.

pranayama: (*prana* + *ayama*) 'At gøre vejrtrækningen længere,' indikerer metoder hvormed man kontrollerer vejrtrækningen og derved forbedrer helbredet og opnår koncentration i meditationen - det fjerde trin i Patanjalis *astanga-yoga* system.

prarabdha karma: Resultater af tidligere handlinger, som bærer frugt i det nuværende liv.

punya: Fortjeneste, det usynlige resultat af handlinger som er udført med den noble intention at gavne andre.

puja: Tilbedelse, tilbedelse gennem et ritual.

pujarum: Et værelse som reserveres til tilbedelse og meditation.

Ranganathan: En af guden Vishnus former, som er blevet installeret i et tempel i Tiruccirapalli, Tamil Nadu

Ramana Maharshi: En *mahatma*, som levede i Tamil Nadu fra 1879 – 1950.

rasasvada: (*rasa* + *asvada*) 'at smage lyksaligheden,' en barriere for meditationen.

raga: Skalaer i klassisk indisk musik. Tilknytning.

Rishi: En selvrealiseret mester. Ordet refererer ofte til de gamle vismænd, der som de første gav en stemme til de vediske *mantraer* og sandheder.

satguru: En fuldt oplyst spirituel mester.

saguna meditation: Meditation på et objekt med egenskaber.

sahaja samadhi: 'Naturlig *samadhi*,' sindets vedvarende fordybelse i bevidsthed, der er baseret på viden om, at esensen af alt udelukkende er bevidsthed.

sakama karmas: Handlinger, der udføres for at opnå et materielt formål.

samskara: Mentale egenskaber fra tidligere liv, som er iboende i det enkelte menneske fra fødslen. Hinduistiske overgangsritualer.

sagarbha pranayama: Synkroniseringen af åndedrættet med recitering af *mantraer*.

Sant Jnanesvar: En helgen fra det 13. århundrede som var bosat i nærheden af Puna og skrev nogle berømte kommentarer til Bhagavad-Gita.

sangha: Samfund. Åndeligt eller spirituelt fællesskab.

sankalpa: En kraftfuld og skabende beslutning, et koncept, der gøres virkeligt gennem den guddommelige vilje.

sakha: Ven.

samadhana: Fokuseret koncentration på én ting.

samadhi: Fuldstændig uanstrengt fordybelse i et meditationsområde, man har udvalgt, det sidste trin i Patanjalis *astanga-yoga* system.

Sanatana Dharma: Et navn for hinduismen. Det betyder 'livets evige vej' og et liv, der er baseret på *dharma*. Der er tale om universelle og evige principper.

sancita karma: Individets samlede sum af karma, som stadig skal manifestere sig.

sandhya-vandanam: En rituel serie af bønner og ærbødige hilsner, som udføres ved solnedgang og solopgang af ortodokse hinduer, særligt *brahmanaer*.

sannyasa asrama: Det fjerde og sidste stadie i det traditionelle vediske liv, hvor man frasiger sig alle relationer for at blive munk.

sannyasi: Én som er blevet initieret til *sannyasa*, at være munk.

santosam: Tilfredshed. Den anden af de fem *niyamaer* i Patanjalis *astanga-yoga* system.

satsang: En spirituel tale. At tilbringe tid i nærheden af helgener, vismænd og andre spirituelt søgende.

satya: Sandhed. Den anden af de fem *yamaer* i Patanjalis *astanga-yoga* system.

sadhana: Et middel til at opnå et mål, en spirituel praksis.

sadhana catustaya sampatti: De firefoldige kvalifikationer der er påkrævet for at opnå viden om Selvet - *viveka, vairagya, mumuksutvam* og *samadi sadka-sampatti*

Sadhana Pancakam: En tekst bestående af fem vers som oplister 40 spirituelle vejledninger, der er skrevet af Adi Shankaracarya.

saksi bhava: At fungere ud fra en tilstand, hvor man både er vidne til det, der sker i den ydre verden og til sindets måde at fungere på.

sari: Indiske kvinders traditionelle påklædning.

seva: Uselvisk tjeneste.

sutra: En aforisme, viden indkapslet i korte, ofte kryptiske vers.

svadhyaya: Studiet af Selvet - dvs. at studere skrifterne, som underviser den enkelte i viden om Selvet, den fjerde *niyama* i Patanjalis *astanga-yoga* system.

sama: Kontrol over sindet.

samadi ratka sampatti: De seksfoldige kvalifikationer, som begynder med *sama* (kontrol over sindet) - *sama, dama, uparama, titiksa, sraddha* og *samadhana.*

sarira-traya viveka: At skelne mellem *atma* og de tre kroppe (grov, subtil og kausal).

saucam: Renlighed, den første af de fem *niyamaer* i Patanjalis *astanga-yoga* system.

sastra: Skrift.

sasvata: Evig, tidløs.

Shiva: En af Guds former, som afhængigt af konteksten enten symboliserer den kosmiske opløsningskraft eller den højeste Guddom; bevidsthed; lykkebringende.

sraddha: (Sanskrit) at handle ud fra tro/tillid til *guruen* og skrifterne. (Malayalam) at udvise årvågenhed hvad angår ens handlinger, ord og tanker.

sravana: At lytte til den spirituelle lære, det første af tre trin i *jnana yoga.*

Srimad Bhagavatam: Teksten, Bhagavata Purana, som tilskrives Veda Vyasa, og som beskriver forskellige inkarnationer af Herren Vishnu, inklusive Krishnas liv.

Suka Muni: Den oplyste søn af Veda Vyasa.

tabala: Indiske håndtrommer.

tamas: *Gunaen* [kvaliteten] for sløvhed, uvidenhed og dovenskab.

tapas: Afkald, den tredje af de fem *niyamaer* i Patanjalis *astanga-yoga* system.

titiksa: Evnen til at bibeholde tålmodigheden og ligevægten, mens man gennemgår forskellige livserfaringer, såsom varme og kulde, glæde og smerte osv.

Upadesa Saram: 'Visdommens Essens,' en tekst om spirituel praksis og Selvet, der er skrevet af Ramana Maharshi.

upanisad: Vedisk lære, hvori Selvets natur forklares.

uparama: Vedholdenhed når det handler om at udføre sin *dharma.*

Varuna Deva: Halvguden, som hersker over vandet, særligt oceanerne og regnen.

vairagya: Lidenskabsløshed, fravær af tilknytning.

vanaprastha asrama: Det tredje stadie i det traditionelle vediske liv, hvor man opgiver sit hjem for at leve et meditativt liv i skovene eller i *guruens* hytte.

Vasana: Mentale tilbøjeligheder, latente eller manifesterede.

Veda: Hinduismens primære tekster. Der findes fire: Ag Veda, Sama Veda, Atharva Veda og Yajurveda. Hver Veda er stort set inddelt i fire dele: *samhita*-sektionen, *brahmana*-sektionen, *aranyaka*-sektionen, *upanisad*-sektionen. Disse handler respektivt om recitation af *mantraer*, ritualer, meditation og den højeste viden. Vedaerne er ikke skrevet af mennesker, men det siges, at Herren har afsløret dem for vismænd, mens de var fordybet i deres meditationer. Oprindeligt blev Vedaerne indlært og videregivet mundtligt. Det er først for 5.000 år siden, at de blev afkodet og nedfældet skriftligt.

Veda Vyasa: En meget vigtig vismand i hinduismens historie. Han er blevet krediteret for at samle Vedaerne og forfatte Brahma Sutraerne, Mahabharata, Srimad Bhagavatam og mange andre af de vigtige skrifter inden for hinduismen.

videha-mukta: En person, som har opnået *videha-mukti* - fuldstændig frihed fra kroppen og den endeløse cyklus af fødsel og død.

viksepa: Mental ophidselse, en barriere for meditation.

Vishnu: En af Guds former, der afhængigt af konteksten enten symboliserer den højeste Guddom eller den kosmiske vedligeholdelseskraft.

Viveka: Tænkning, der er kendetegnet ved skelneevne, særligt evnen til at skelne mellem det evige (Selvet) og det ikke-evige (ikke-Selvet).

Viveka buddhi: Et renset intellekt, som er udstyret med skelneevnens kraft.

Yajna: Et vedisk ritual, en form for tilbedelse, en holdning bag hver handling, som hjælper én til at opnå selvrealisering.

Yama: En forbudt aktivitet, det første trin i Patanjalis *astanga-yoga* system.

Yoga Sutraerne: En samling af 196 aforismer, der blev skrevet af vismanden Patanjali, hvori *astanga-yoga* systemet bliver præsenteret.

Yoga: At forene, at smelte sammen.

Yudhisthira: Den ældste af de fem Pandavaer, de noble brødre i den episke fortælling Mahabharata.

www.ingramcontent.com/pod-product-compliance
Lightning Source LLC
LaVergne TN
LVHW051550080426
835510LV00020B/2938